像禪師一樣思考

禪宗公案的多重宇宙

張嘉如／著

獻給古今中外的禪師

推薦序

超越生命的局限

公案是修禪的一種方法。佛教由印度傳入漢地，歷代祖師大德累積深厚的佛法智慧，日常的身行，以敘事方式呈現，於是，開悟過程成為教學片斷，透過參究公案，消除紛雜妄念，究竟解脫。其過程形同解開糾結線球，在無邊無際的見、思惑中，不斷往返，如千絲萬縷，無限深長，直到妄念消失，智慧顯現，擺脫文字糾纏，驀然明白「實相無相」。因此，公案是個結合身行、文字和實相般若的修禪過程，促成兩千年來跨越東、西世界的佛法遠傳。釋迦牟尼佛在靈山會上為何「拈花」？迦葉尊者又為何「微笑」？佛曰：「吾有正法眼藏，涅槃妙心，實相無相，微妙法門，不立文字，教外別傳，付囑摩訶迦葉。」

　　這是一本聚焦禪宗公案的書，以公案開展修行的「多重宇宙」。二〇二三年奧斯卡金像獎最佳影片《媽的多重宇宙》（*Everything Everywhere All at Once*）讓物理學「多重宇宙」（multiverse）的概念一時蔚為風潮。回溯一八四八年美國經典作家愛倫·坡（Edgar Allan Poe）散文詩《發現！》（*Eureka: A Prose Poem*），即想像有「無盡宇宙層層疊疊」（a limitless succession of Universes）的存在。本書作者張嘉如教授是資深的文學和生態研究學者，更是禪門行者，以「多重宇宙」做為書的副標題，說明人類存在的宇宙只是更廣袤的眾多宇宙之一，正呼應《金剛經》之「三千大千世界」，宇宙至大無外，至小無內，無量無邊微塵眾生，一念心起，當體即具三千大千法界。張教授結合「公案」與「書寫」，將公案視為閱讀、冥想和書寫的文類，可說是文學教學方法的推陳出新，學習禪師從空出假、幻化的大智慧，超越世俗學術規則，了知諸法因緣生滅，空無實相，帶動一場場佛法與世學的對話與交融。舉凡文學文本、哲學思辨、文化敘事、全球世局、文明危機、社會現象、個人經驗等，與禪宗公案兩兩相對，書寫成十八個篇章，各有主題，分為三個單元：「『我』是誰」、「看見有情，看見世間」和「參禪之旅」，爬梳佛法與世學的「共」與「不共」，由自我延伸到有情世界與微塵眾生，透過公案，拆解理性主義及人類中心思維，隨立隨破，不落兩邊，既是佛法的觀照溝通，也是抒情的藝術形式，進行療癒、實驗、創新、探索和社會批判，可說是將禪法轉化成一種入世的「慈悲書寫」，深探人間苦難，實踐「入世佛學」，匠心別具。

如果「多重宇宙」是空間無垠無際的延伸，書名《像禪師一樣思考》將觀照世界的時間尺度放大，超越人類生命的局限。這應是緣起自近代生態保育先驅李奧帕德（Aldo Leopold）的重要著作《沙郡紀年》（*A Sand County Almanac*），其中著名小節「像山一樣思考」（"Thinking like a Mountain"），主體敞開，學習像山一樣思考，以地質的深度時間（deep time），開展眾生與山河大地及其他有情眾生的對話，了解生態與生活世界之中、之外的深層意涵，此即張教授所謂的「深戲」。「像禪師一樣思考」，超越現象世界，觀照呼吸後面的呼吸、觀看後面的觀看、聽聞後面的聽聞、思考後面的思考，回歸源初，空有不二。例如，張教授筆下的〈孤峰不白〉，如同撥雲見日，引導讀者，觀孤峰「連成一片」的深意，「千山」同在，從來沒有分開，孤峰只不過是表象的幻覺罷了。這是公案修行的生態轉向，凸顯禪宗「他者導向」的意識和實踐，觀照人類以外「他者」：動物、植物、山河大地、寰宇星辰等，體悟眾生互為緣起的道理。

本書最迷人之處，就在透過公案，細膩拆解西方理性主義二元對立的邏輯，體用不二。當今人類面臨氣候變遷和物種滅絕的生態危機，流行疫病再起，俄烏戰爭如火如荼，遠方以巴衝突牽動世局，國土危脆，民主價值崩塌，身、心、靈難以安頓，個人與群體的經驗、感知、信仰、價值觀、規範和實踐出現斷裂，凡此種種，不外是分裂的二元意識所導致之心念和外境對立的狀態，如張教授所言：「正是暴力和諸多危機的源頭。」深觀公案，在業力糾纏中，提供明心見性的因緣，靈機善巧，可以「現觀」，與大地的蟲魚鳥獸、繁花草木，開展親密聯繫，同時進行一場場與自我的對話練習。截斷眾流之後，生命景象空有圓融。禪心即回到原初的本心本性。生命危脆／脆弱（precarity ／ vulnerability）是一種彼此互為依賴的生命形式，「危脆」不是個人主體的脆弱，而是連結彼此甚至於連結仰賴生命延續的更大結構之關係的脆弱。自我和他者都是「相互依存」（interdependency）關係中重要的環節，無差別苦造就無差別愛。向內心細微處反思觀看，悲心和平等即是在危脆的社會結構與環境生態裡，當個體生命承受暴力苦難，需要集體捍衛支撐，共享平等依存關係，讓生命在絕境中得以存續。在當今世間物欲橫流、戰亂頻傳、疫病蔓延之時，具足佛法正知正見，方足以處理人類集體面對的無常災難的挑戰。這正是本書所欲呈現的核心思維。

公案有簡單質樸的敘事，卻蘊藏萬物無常、緣起性空的道理，具象化「諸行無常，諸法無我，涅槃寂滅」的般若智慧。本書融通佛法和世學，從多元視角，由《碧巖錄》、《無門關》、《景德傳燈錄》、《從容錄》等合集中，選取數十則著名公案——〈拈花微笑〉、〈倩女離魂〉、〈香嚴上樹〉、〈鹽官犀扇〉、〈達摩安心〉、〈胡子無鬚〉、〈孤峰不白〉、〈一口吸盡西江水〉、〈趙州狗子〉、〈二僧捲簾〉、〈趙州勘婆〉、〈擒住與一掌〉、〈俱胝豎指〉、〈地藏親切〉、〈巖喚主人〉、〈南泉斬貓〉、〈百丈野狐〉、〈女子出定〉、〈香嚴擊竹〉等，善巧引領讀者聆聽禪師說法，進行一場場行者與生活世界的精彩對話。既是禪宗微政治，更彰顯佛法的現代性。

文學再現「苦諦」，而公案的殊勝之處，在超越世間諸苦，認識三世因果，目的在修行解脫。呼吸是什麼？刹那生滅，相似相續。張教授說得好：「『出入息的盡頭處』一直是我們認知的盲點。」由於對「生命」的顛倒夢想和執著，使得我們忽略呼與吸的盡頭，也是呼吸循環的一部分，這個盡頭「同時是一個越界的『間隙』或『臨界空間』（liminal space）——也就是意識轉換的場域」。如《牡丹亭》〈驚夢〉唱云「原來姹紫嫣紅開遍，似這般都付與斷井頹垣」，在「間隙」或「臨界」間，參悟諸法悉皆空寂。言語道斷，心行處滅。

黃心雅
國立中山大學外文系特聘教授

自序

參禪、公案與書寫

自二〇二一年五月至二〇二三年底，我開始每月為法鼓山《人生》雜誌撰寫文章。在此期間，晨間參禪打坐和文字塗鴉成了每日最法喜充滿的時光，我以散文的形式來摸索禪宗如何入世地思考。原則上，每一篇文章裡，我挑選一則禪宗公案，把它與文學、電影和修行結合，嘗試開闢出一條新的禪宗散文創作路徑。

索性將它稱為「公案書寫」吧！書寫的用意，在提倡「公案修行」（也就是參公案和話頭），希望華文讀者，在閱讀散文集之際，能夠了解到公案這個古人留給我們的珍貴文類，在當前二十一世紀裡，是一個不可缺席的世界精神遺產。甚至可以說，禪在世俗社會中的重要性可能超出我們的想像。而我們要接續下去的，是繼續探索如何有創意地去開發公案修行和公案文類的潛能。

什麼是公案？公案是關乎生命解脫的文類，包括古代禪師明心見性的語錄及禪僧修行體悟的故事。臨濟宗以參公案來做為修行的法門。什麼是書寫？書寫是記錄、傳遞知識、思想和信息的寫作活動，也是抒發情感的藝術形式，也兼指寫作的文類，如自然書寫和女性書寫。

公案和書寫有共同處：冥想觀照、溝通療癒、創造力發揮，以及強調第一人稱現象學經驗式的意識探索。這裡，經驗式的探索是關鍵，別忘了，佛陀的覺醒來自菩提樹下四十九天的禪坐；佛陀現身說法地告訴我們，坐禪是最直接了悟實相的方式。

公案書寫遨遊於參禪與文字間，是趟般若文字之旅。此時正在閱讀的您，也參與在此般若自在的遊戲當中。參與式的閱讀，不僅邀請您一同探遊公案，同時，這樣的「閱讀禪」有助禪修動機。畢竟，文字禪隔靴搔癢，還不如親自參禪，來見證公案這個「詭計者」（trickster）妙不可言的神奇魔力。

其實，「公案書寫」一詞在古代指的是以公案做為閱讀、冥想和書寫對象的文類。宋代的《頌古百則》、《碧巖集》（又作《碧巖錄》）、《從容錄》、《無門關》等，皆為典例。古代公案書寫，即對搜集而來的公案語錄，加以參究、諷詠吟頌地抒發個人心得感想，並佐以佛教經典加以考證。

古人公案書寫的SOP，可由宋代圜悟克勤禪師評點雪竇重顯禪師的《頌古百則》中瞥見。在《碧巖集》裡，圜悟提及雪竇禪師的公案書寫過程：「雪竇頌一百則公案，一則則焚香拈出，所以大行於世。他更會文章，透得公案，盤礴得熟，方可下筆。」這裡的

「焚香拈出」，點出公案的拈悟，源自於焚香靜坐後的直觀領略。「大行於世」，說明若想在禪林中立足、對世間有貢獻，須將公案參得通透。至於書寫，則需在通透公案後，才得能靈機動筆、善巧變通。

到了二十一世紀的今天，我們還需要公案這樣的修行文類嗎？它對當今社會有什麼貢獻？我們這一代和下一代又如何青出於藍、更勝於藍，創造出符合當今時代精神的公案參究和公案書寫文化？

看到這裡，讀者可能會問，參禪、參公案和公案書寫這些關乎究竟解脫的事，與當今世俗社會和文化現象有何關係？

要回答這個問題，讓我這樣反問：當迷茫的千禧世代和Z世代，踏上認識自我之旅，開始向內看，去探索生命實相的時候，他們需要何種般若工具來幫助他們破除顛倒幻相、轉識成智？

讓我先從當前的顛倒幻相說起吧！

西方現代性下的「禪相」

當今西方消費社會裡的禪，沒有一條傳統文化脈絡和內涵。對多數西方人來說，禪是異國風情、紓壓放鬆的同義詞，它是高級精油、香水、營養品或按摩器的代言人。

西方娛樂圈裡，禪宗的「無」，被扭曲為多餘、無關緊要的同義詞。美國脫口秀主持人喬恩．史都華（Jon Stewart）的《每日秀》（*The Daily Show*）電視節目，將最末的單元取名為「你的禪時刻」（"Your Moment of Zen"）。「你的禪時刻」被當成貶義詞，指的是棄之可惜的NG片段。在當前中、西匯融的歷史瀑流中，禪的原精神，不是被扭曲成為極度放鬆的「佛陀腦波」就是娛樂搞笑的橋段。

如果這些都不是禪的本來面目，那麼，禪是什麼？

禪的精神

正是這個「是什麼」！

禪是一個問號，對生命永恆的探問。禪文學中最著名的禪問是「賣餅阿婆試禪心」：當德山禪師向一位賣點心的阿婆買餅充飢，阿婆眼見來者為禪學大師，隨口引用《金剛經》裡的「過去心不可得，現在心不可得，未來心不可得」，問大師要點哪一個心？若翻開《無門關》，處處是禪問：狗子有無佛性？大修行人還落因果？西天胡子因何故無鬚？阿他是誰？倩女離魂，哪個才是真倩女？這些都是參禪和生命不同階段中隨處遭逢的禪問。

禪問，直探真理，挑戰既定的教條、體系和權威。除非親證，不然絕不盲目跟風信從，如《噶拉瑪經》（*Kalama Sutta*）裡佛陀的耳提面命：不因口耳相傳、奉行傳統、轟動一時、引經據典、合乎邏輯、根據哲理、引證常識、合乎先入為主的觀念、說者的權威，也不因對方為導師，就未經體證地信以為真。

禪的當代使命

禪宗直探人生真理、質疑權威的精神在上個世紀曾被喚起。經歷二戰和越戰所帶來的衝擊，西方「垮掉的一代」（Beat Generation）的詩人和作家，不遺餘力地翻譯佛教經典、引介禪學和推廣公案參究（koan study）。他們強調的是親證的禪宗精神。當今西方禪師指導學人所使用的教科書，正是英文版的《無門關》、《碧巖集》和《從容錄》。

承繼前人的腳步，我想繼續前行，探索屬於我們當前二十一世紀的禪精神。綜觀本世紀，我們所遭遇的文明危機，可以說是前一世紀的延續和加劇。除了面對新冠疫情、戰爭、氣候暖化、極端貧富懸殊的現實之外，當前生活在富裕社會裡的人類，卻身陷一個進階版的虛擬現實。百貨公司和精品連鎖店裡的精美商品，給戀物的消費者富足豐盈的錯覺；電視、電腦、筆電、平板、手機的「五螢幕」及最新出來的蘋果 Vision Pro 眼鏡，更將世界虛擬化推向極致。當前的虛擬、資本主義人生，成功地遮掩生態環境壞滅和心靈空虛、貧瘠的事實。

是不是在顛倒夢想裡待久了，我們已失去面對當下現實的勇氣？以氣候變遷為例，世界氣象組織（World Meteorological Organization，簡稱 WMO）指出，二〇二三年是有紀錄來最暖的一年。科學家也指出，地球可能在二〇四〇年前升溫超過攝氏一點五度，達到不可逆的氣候臨界值。

此人為的氣候變遷危機，可說是器世間所給我們的一記棒喝！但我們卻沒有醒來。

對千禧世代、Z世代、Alpha 世代的人來說，本世紀的氣候變遷危機是眼光淺短的上輩所拋給他們的生存挑戰。那麼，他們需要什麼樣的內在智慧才能度過難關？我們這一代（不管是嬰兒潮世代、X世代）又如何盡一己之力來幫助他們？

如愛因斯坦所說，我們無法在製造問題的思維層次上來解決相同的問題，因為同層的思維就是產生問題的根源。若說當今大規模人造災難的根源來自人類中心主義及我／他對立的二元思維，那麼，我們唯有跳出以「我」為中心的二元分別思維，才能夠對治問題的根源。

這正是公案修行的目的：打破二元慣性思維。公案文字本身具有一種獨特的「公案特質」，你叫它非同一性也好，多元開放性或解構性都可以，此特質揭示公案的一個重要作用：破我執和法執，也就是以「我」為出發的二元顛倒夢想的執著。

從公案書寫的角度來說，雖說小心文字障，但文字不是敵人，而是無可避免的工具。我們可以將公案書寫轉化為一種入世的「慈悲書寫」，探查世間苦難，做為入世佛教（Engaged Buddhism）

的實踐手段。

單元分類

本書結集十八篇發表在《人生》雜誌「佛學線上」專欄裡的文章。這些文章在主題上頗有重疊相涉之處，暫且拆分為以下三個單元類別：「『我』是誰」、「看見有情，看見世間」和「參禪之旅」。第一、二單元「『我』是誰」和「看見有情，看見世間」偏重我所稱之為的「淺戲書寫」，而第三單元「參禪之旅」則側重參禪經驗的「深戲」探索。

「『我』是誰」圍繞在「認識自己」和「女性生命經驗」等主題的探索。「看見有情，看見世間」由「我」的思考轉向「我／他」關係的探索。在此，我探索當今的動物處境、人與生態的道德關係，以及戰爭、暴力等議題。最後，「參禪之旅」回到參禪修行的部分，除了回溯年輕時與觀寒師父參公案的經驗，也從女性修行者視角來書寫。

總的來說，本散文集關懷禪宗書寫如何入世的問題。或者說：禪宗如何與世俗的公共話語有所交涉？我提出「公案書寫」做為走入世間、關懷世間的路徑。以參禪出發，藉由書寫的形式與其他領域做跨學科的互遊和對話。這裡，我以下面的問題來進行思考：公案與其他世間學科如文學、哲學、心理分析或批判理論如何比較和連結？有哪些文學作品和電影具備「公案特質」？什麼是「公案特質」？公案書寫如何關懷世間？此實驗性的「公案書寫」，僅為個人杯水車薪的貢獻，藉以拋磚引玉。

萬般因緣皆是指月明燈

《人生》雜誌的寫作計畫到二〇二四年三月份告一段落，剛好這學期也卸下系主任的職務。感恩過去兩年多來所有出現在身邊，不管以何種形式出現的菩薩們，尤其是法鼓山《人生》雜誌和出版編輯團隊，謝謝你們的支持和鼓勵。最後，感謝在茫然漆黑意識中指月的明燈——觀寒禪師。

是以為序。

第一篇　「我」是誰

第二篇

看見有情，看見世間

第三篇

參禪之旅

第一篇

「我」是誰

戲遊電影公案

《臥虎藏龍》和〈倩女離魂〉

早年常教一門課，叫作「電影與文學」。其中有個「電影與佛教」的單元，指定的影片包括《駭客任務》（*The Matrix*）、《今天暫時停止》（*Groundhog Day*）、《可可西里》（*Kekexili: Mountain Patrol*）、《達摩為何東來？》（달마가 동쪽으로 간 까닭은？）等。其中最常教的是李安的《臥虎藏龍》。別小看這部武俠片，以為它只是一部新穎的華語武俠片，其實此片「臥虎藏

龍」，不可小覷！

《臥虎藏龍》最有意思的地方在它豐富的詮釋層次。算是戲論吧！但，戲論歸戲論，仍可從中得到啟發。或者說，這部高度商業化的武俠譬背後尚有諸多不為人知的深層密意，值得拿來當作公案好好參究。

這裡的深層密意，指的是超越電影故事情節和視覺影像的非思維空性層面，它超越一般慣性二元思維（如對錯、喜好、淨穢等評判），此深層面向為「深戲」。

深戲，探索深層意識。禪修裡，稱為禪定、三昧或三摩地。換句話說，當修行者進入定，表層意識（或紛雜的妄念）就會逐漸消退，進入如如不動的定境。此時身體與外部世界的邊界感消失、自我感也會消退。在此深層意識狀態下，我們的心意識開始發生轉變。這時，「藏龍」的密意就會開始顯化出來。顯化的時刻，就是一個「神話時刻」。

《臥虎藏龍》最引起我注意的地方，除了女性或陰性元素，還有佛教。然而，不諳佛禪的觀眾，很難想像此電影與佛教的關係。其實，這部電影除了涉及佛教的神話意象之外，還遙應古代公案。這不僅是一部「關於」禪宗公案的電影，而是一部名副其實的「公案電影」。加上十足的女性意識，甚至可以說，這是一部「女性公案電影」。雖說如此，可別因為這個標籤就落入名相的圈套！《臥虎藏龍》也探討男性議題，其實，電影一開頭就以男性的視角切入「自我探尋」的主題。

《臥虎藏龍》做為女性主義武俠片

《臥虎藏龍》改編自王度廬的武俠小說。情節頗複雜，在此略述：武功蓋世的武當大俠李慕白欲隱退江湖，將青冥劍託付給俞秀蓮，由她轉交京城的貝勒爺。兩人先後來到貝勒家，結識九門提督的千金玉嬌龍。嬌龍自小隨著她的「師娘」（一個反父權的稱呼）碧眼狐狸學功夫。師娘正是李慕白尋尋覓覓的殺師仇人。

貪玩的嬌龍看上青冥劍，一時興起偷來把玩。東窗事發後，暴露師娘的身分。即將嫁入高官之家的千金小姐，又在迎親之日逃婚逃家，二度偷劍，開始行走江湖。當她到處闖禍，最後無處可去，落魄地來到俞秀蓮的府上，又因發生口角劍傷秀蓮。李慕白即時趕到，追逐嬌龍討回青冥劍。為了再度搶回被李慕白扔入湖中的青冥劍，嬌龍隨劍躍溺，被師娘救走。最後，李慕白為搭救遇害的嬌龍，中毒針而亡。整部片以嬌龍跳下武當懸崖為終。

《臥虎藏龍》是一部絕佳的「女性主義」武俠教學影片，我們可以討論圍繞在玉嬌龍、俞秀蓮和碧眼狐狸這三代俠女的生命經驗。我們可以將玉嬌龍的敘事，詮釋為一個「少女成長」故事，探討她如何從一個自我為中心的叛逆少女，變成一個懂得愧疚、開始真正關心他人並擔責的成長故事。最後，當然我們也可以把嬌龍的「跳崖」詮釋為女性在父權體系下走投無路的自殺，來呼應西方女性主義經典電影《末路狂花》（*Thelma and Louise*）。《末路狂花》的結局是這樣的：兩位在外闖蕩，一不小心變成亡命之徒的女主角們，因為不願意投降，去面對男性主導的司法體系，毅然絕然地決定走向不歸路。她們決定踩下油門，將車子衝向懸崖。

這些女性主義的詮釋皆合情合理，在對父權意識型態的批判上有著很大的貢獻。然而，若只狹隘地拘泥在單一的世間法的詮釋，那麼，就容易疏忽其他超世間面向的詮釋可能性，如片名所昭告天下的：臥虎藏龍！

祕密文本：〈倩女離魂〉與「真我」的禪問

首先，《臥虎藏龍》含藏一個「密意次文本」（cryptic subtext）。[1]或者說《臥虎藏龍》文本裡鑲嵌了一個不易被解碼的公案文本，即〈倩女離魂〉公案。此「密意次文本」在《臥虎藏龍》的詮釋上，扮演關鍵的角色。

〈倩女離魂〉公案是這樣的：「五祖問僧云：『倩女離魂，哪個才是真的？』」此公案來自一則鬼故事，講述一個倩女必須在愛情與傳統婚姻之間做一個抉擇，最後她的身心一分為二。一個倩女跟隨她的愛人離家出走過著甜蜜的婚姻生活，另一個倩女仍然則盡孝道地留在父母家裡，但終年臥病在床。後來，逃家私奔的倩女思念父母，決定回家探望，才發現她的父母並不知道她離家的事。倩女回到自己的房間看到了臥病在床的另一個倩女，此時兩個倩女便合而為一。

這裡，我們可以看到，《臥虎藏龍》和〈倩女離魂〉皆圍繞在「認識自我」的主題上。〈倩女離魂〉的核心禪問是：「哪一個才是真正的倩女？是私奔的那一個，還是臥病在床的那一個？」《臥虎藏龍》裡也出現同樣的禪問：「哪一個才是真正的嬌龍？被迫嫁人的貴族千金？到處闖禍的惡龍？還是揭露江湖虛偽面具的俠女？」這裡的禪問皆呼應了序文中提到的阿婆的禪問。

此公案的關鍵字是：哪一個？

如無門禪師所警告的：「若向者裡悟得真底，便知出殼入殼，如宿旅舍。其或未然。切莫亂走，驀然地、水、火、風一散，如落湯螃蟹七手八腳，那時莫言：『不道。』」意思是：如果能夠悟出哪個是真倩女，便能夠知道我們進出身體，如同進出旅社般。如果不知道，切莫亂闖蕩，一晃眼到了生命即將消逝時，就如落入湯底的螃蟹七手八腳亂成一團，那個時候別說不知道！

還藏了一條龍！

接下來我們再來看看《臥虎藏龍》還藏了些什麼！

「玉嬌龍」這個名字極富神話象徵意涵。玉，滿族姓，也有尊貴、稀有意。「嬌」與「蛟」同音，為能夠涉水的蛟龍。最後，最明顯也最重要的，就是龍。在古代，龍與虹同音，虹為天空之龍。這些解釋了為什麼玉嬌龍能夠上天下海，輕易自如地飛檐走壁、穿躍林中，潛江入湖，不同與深植泥沼中的俞秀「蓮」。

出身大漠貴族的龍女，影射《法華經》裡小龍女。小龍女是海底龍王的女兒，自小聰慧，年僅八歲就即身成佛。同樣地，悟性高的嬌龍，十幾歲時就青出於藍，自知武功已超越了不識字、無法體會武術祕笈奧義的師娘。嬌龍利根的自學自悟，也影射在她在江湖的闖蕩裡。她也本能地識出代表真心的青冥劍，並不惜生命地瘋狂追索青冥劍：真心識得真心！

當然，從世俗的眼光來解讀，尤其是佛洛依德心理分析，玉嬌龍與俞秀蓮的青冥劍之爭，很容易被解讀為異性戀女性的「模仿欲望」（mimetic desire）敘事。也就是，做為陽性象徵的青冥劍，代表李慕白，是兩個女人相爭追求的對象。借用法國人類學家雷內．吉拉德（René Girard）的術語來說，李慕白可說是她們的「欲望客體」（object of desire）。

當然，有些學者將青冥劍解釋為性別和權利地位的象徵。也就是，擁有青冥劍，就等於擁有最高的男性權力，如通行證般，可以在男性價值主導的江湖裡闖蕩。這解釋為什麼第一代的女性主義者，傾向抹除女性或陰性特質和自身的差異性，以便獲得陽剛的主流社會的認同。

神話時刻

不管是模仿欲望、性別和社會地位認同，這些詮釋都成立，屬於「淺戲」的範疇。公案和神話元素的注入，將我們的目光轉移到超世間的面向，進而深化敘事的多元和複雜性。

舉一個例子。對熟悉希臘神話的觀眾來說，被李慕白喚作「毒龍」、需要好好教化的邊疆野丫頭，讓人聯想到古希臘悲劇大師尤里比底斯（Euripides）筆下的米狄亞（Medea）公主。在《米狄亞》（*Medea*）這部女性復仇的希臘悲劇裡，被視為是異邦人（即非雅典人）的米狄亞，弒子報復丈夫傑森的背叛。表面上看似家庭悲劇，《米狄亞》事實上具有超越「居家」[2]的神話維度。劇末，米狄亞出現在空中，乘坐祖父太陽神赫利厄斯（Helios）送她的金色戰車。這是一個「神話還原時刻」！高高在上的米狄亞，示現出她神性本源，或禪宗的溯本歸源：原來，米狄亞是「光」的後代！

同樣地，在《臥虎藏龍》裡，我們看到類似的「神話時刻」。來到人間（江湖）走一遭之後，她決定返回天空，回到屬於龍（虹）的家。別忘了，嬌龍是虛空之子！嬌龍飄浮在空中的那一幕，違反淺戲或現實世界裡的地心吸引力法則，因而彰顯嬌龍背後所隱含的神話面向。她那法喜、安然自在、歸家穩當的神情為此片做一個超越性的終結，點出深戲密意。

公案性、淺戲和深戲

在序文裡，我已闡述過「公案性」或「公案特質」這個概念。這裡，我更進一步地解釋一下。首先，公案為禪修悟道的文本，故事的主角多半是禪師和禪修者。在日本臨濟宗的公案訓練裡，公案為指導禪修者的參禪教科書。公案必須一則一則地參，目的在打破無明，直到不再執著這個顛倒夢想的小我，處處逢真。換句話說，不再被世間的規則、語言、慣性思維或者這裡所說的淺戲所迷惑。這樣的修行學程在北美稱為 **koan study**（公案參究）。

這樣的明心見性的文類，可說是世上稀有的教學文類。它絕妙的「公案性」在於公案的敘事或語言結構裡具有聖俗雙重面向，這裡，我以淺戲和深戲這兩個概念來表徵此雙重維度。一來我們可以停留在淺戲的層面上理解公案故事或文學性，但若要見性開悟，唯有進入深戲的面向不可。一位真正的修行者，不會認為一次的開悟或見性，就是修行的終點，好像拿到了一張結業證書一樣，就不用再修行，可以去當大師。其實，只要有開悟、不開悟的二元分別心，就已經不在真正的悟境裡。參禪是一輩子的事，必須不斷地在淺戲和深戲裡來回遊走，直至圓融無礙為止。在談見性之前，光是要突破文字上的淺戲，這件事談何容易呢？

淺戲指的是文本的表層敘事。在公案裡，它往往以無法消融的二元或弔詭的對立形式呈現。有沒有注意到，公案裡的人物，多半受困於進退兩難的情境下，被迫在兩個選項裡做出抉擇。

且看《無門關》第五則〈香嚴上樹〉：「香嚴和尚云：『如人上樹，口銜樹枝，手不攀枝，腳不踏樹。樹下有人，問西來意。不對即違他所問，若對又喪身失命，正恁麼時，作麼生對？』」

大意是說：一位僧人懸掛在半空中，快要掉下去。此時，樹下來了一個人，向他詢問達摩祖師的西來意。口啣樹枝的僧人，手腳沒有攀著之處。只要他一開口回答，就會從樹上掉下來，喪失生命。但若不答，那麼就辜負了問者，不是大乘佛教的修行者。開口也不是，不開口也不是。面對此進退兩難的困境，如果是你，這時你會怎麼做？

這樣刁詰的禪問，在古則公案裡，隨處可見！

然而，是禪師在刁難我們嗎？當然不是！君不見公案的淺戲敘事，不過是再現了生命中時常遇到的場景，以及慣性的思維反應，讓我們毫無防備地跳入淺戲劇情裡的兩難，開口選邊站，那我們就上了當，落入了公案這個狡猾的「詭計者」設下的陷阱。

但，這樣的淺戲劇情，同時也在告訴我們，我們的存在，不管是哪一種形式，終究注定是不圓滿、令人失望和失敗的。這是淺戲給我們上的一課。

要如何修、如何悟？修與悟是兩回事。修，在紅塵裡、在蒲團上去祛法我執性；悟，則是在如如不動的空性禪定基礎上，瞥見空有不二、當下即是的道理。悟的發生不一定在蒲團上。所以，參禪、淺戲與深戲最終是一體的。這就是遊戲三昧的互遊。

在此層面上，就能夠理解到，真我和小我的二分並非絕對，參禪不是將小我（或這個物質生態世界）擱置放一邊，去追求超世間無汙染的真我或天人合一。分裂的二元意識所導致心靈和外境對立的狀態，正是暴力和諸多危機的上游源頭。

慕白的「己悲」：分裂的意識狀態

片頭一開始，慕白告訴俞秀蓮為什麼出關。他說，他進入了一種很深的寂靜，周圍只有光，時空感消失。秀蓮問他是否得道，他回答，不但沒有得道的喜樂，反而被一種寂滅的悲哀環繞。慕白坦承：「這個悲哀超過我能承受的極限。我出了定，沒辦法再繼續。有些事，我需要再想想。」

熟悉《楞嚴經》的人，可能會想到五十陰魔裡的這一句「忽於其處，發無窮悲」。然而，慕白所陷入的「悲魔」，並非《楞嚴經》裡的「無窮悲」。因為《楞嚴經》的悲，是「觀見蚊蟲，猶如赤子」的悲憫心。沉溺於此悲心，喻魔入心。

慕白的悲，不是同體大悲的「無窮悲」，而是「己悲」。己悲，關乎自身世間存在的不圓滿或匱乏感。它可以來自認識到身為人的諸多局限和遺憾。有形無形的遊戲規則，使人無法自在地逢處作主。被我們視為是逍遙遊的江湖，也不過是受到另一種遊戲規則支配的淺戲世界罷了。

別小看這個「己悲」。這是《臥虎藏龍》一開頭就丟給觀眾的禪問。李慕白這個人物，一開始就為我們演繹禪修者在參禪宗過程裡可能會遇到的狀況。深層禪定誘發憂鬱情緒，於是李慕白意識到與小我和解的必要性。他必須回到世間，重新來過。

玉嬌龍為李慕白在「認識自我」的旅程裡必須親自交涉的人物。嬌龍所代表的，是真我和小我兼具的「自我」。江湖上走一遭，看到被禮教綁得動彈不得的俞秀蓮，以及千奇百怪的虛名江湖騙子，嬌龍反問慕白：「你們老江湖，見得著什麼真心？」李慕白與嬌龍交涉的過程，可以將之視為深、淺戲整合的「認識自我」之旅。兩人在竹林間交手的場景，即為此旅程的視覺隱喻。

身口意不一

在江湖混久了，就會對權力、階級、門派和各種規矩起執著，忘記淺戲規則之外的真我。遮蔽了真心，就無法真誠地對待自己。這就是李慕白和俞秀蓮在世俗禮教綑綁下所面臨到的困境。

舉例來說，李慕白的自我迷茫，可以在他死前的最後一幕看出。一方面，他對秀蓮表達他最誠摯的愛：「我寧願遊蕩在你身邊，做七天的野鬼，跟隨你。」然而，在行動上，他卻是為了救嬌龍而死的。可以說，李慕白也是〈倩女離魂〉裡一分為二的倩女！

口說愛秀蓮，但卻為嬌龍而死，此言行不一致說明了什麼？除了人生的不圓滿之外，尚凸顯出由世間規則統御的淺戲和超越世間真理的深戲兩者之間的根本衝突。

其實，深、淺戲的不協調，是因為沒有真正地認識自己，又或者說，是否定自己，無法接受自己。一個不完整的自我，勢必是無法愛人的。因為小我對愛的認知是世間愛，容易將愛視為擁有、占有，如同緊握的手。我們對愛的認知，多半以為有一個愛的主體（我）和愛的對象（他或她）。但，從深度意識的視角來說，愛是一股喜悅的能量，即存在本身，並不是占有，而是包容、臣服和慈悲。

真誠對待自己

可以說，《臥虎藏龍》的主題為真誠對待自己。當我們真誠對待自己、接受自己的不圓滿，真我和小我就會合而為一，如〈倩女離魂〉的結局。李慕白無法整合世間和超世間的我，他的「我」，是充滿矛盾的。想求道，但到了最後關頭，卻因世俗情緣而無法超凡入聖，還引發憂鬱症。最根本的根源是沒有真誠對待自己：不敢面對自己內心的欲望。

這裡的重要禪宗課題是，我們一般對開悟或悟道，往往有個錯誤的聖俗兩立的想像。以慕白來說，到深山裡去修行才是悟道；回到凡塵就是放棄求道。聖俗對立的分別心，導致他將愛欲視為是阻礙成道的障礙，而不是修行人必須坦然去面對的課題。可以問的是，為什麼他與嬌龍相遇的過程，不能也是一個認識自我和遇見真我的旅程呢？

認出真我

片尾跳入空中的嬌龍，呼應了片頭閉關入定的慕白，勾勒出一個禪宗的「圓相」意象。可以說，劇頭慕白未竟的求道旅程，在劇尾由嬌龍完成。慕白口中所描述的「深層寂靜，周圍只有光」的境界，不僅在嬌龍跳崖的那一幕中，被視覺化；慕白那不可承受的悲哀，也被嬌龍轉化成為法喜的源歸。「慕白」這個名字——羨慕空性——其實已經點出他與空性真我的距離。

此片揭示出一個終極的密意：真我無處不在！也就是「無處不逢真」。不管是大漠裡的打鬥、在江湖裡搗蛋、竹林間的交手，還是跳崖時刻，最重要的問題是，我們有沒有辦法在各種深、淺戲裡，即時認出真我？

不管怎麼說，《臥虎藏龍》演繹出無門禪師的「雲月是同，溪山各異，萬福萬福，是一是二」：雲月的深戲和溪山的淺戲，是一也是二。

也許，這就是慕白對即將出閣的嬌龍所祝賀的「萬福萬福」的深層密意吧！

❶——「密意次文本」（cryptic subtext）一詞由 Steven F. Walker 提出，參見 *Cryptic Subtexts in Literature and Film: Secret Messages and Buried Treasure*, Routledge, 2020。

❷——希臘文的 oikos，為「家」或「居所」意。生態學或 ecology 一字即由此家或居所概念延伸出來。生態學即研究生物居所的科學。

認識自己

《小王子》和〈拈花微笑〉

春季學期一開始，學校出現人事的緊張狀況，部分原因是大家都太執著自己臉上所戴上的社會面具。面具戴久了，最終付出的代價是：忘了我是誰！《楞嚴經》裡，有個叫作演若達多的人，一天清晨起身照鏡，看到鏡中的臉，感到無比歡喜。然而，當他離開鏡子後，再也看不到自己的顏面，就以為自己的頭不見了，於是開始發狂，四處尋頭。錯將鏡中之像或社會面具執持為己，這在佛經裡，叫作「認賊作父」。

「認識自己」（know thyself）這一句話，是希臘德爾菲的阿波羅神廟門楣上方銘刻的第一句箴言。對哲學家蘇格拉底來說，「認識自己，方能認識人生」；對禪門之人來說，禪修的目的在於生死解脫。生死解脫的前提是「認識自己」，也就是認識到自己「未生前的本來面目」。這裡，我以《小王子》（*Le Petit Prince*）和〈拈花微笑〉這兩個文本來探索「認識自己」的這個主題，勾勒一個世間法和超世間法互補、接續的公案學程。

小王子：聖修伯里的內在小孩

《小王子》講述敘述者飛行員墜機於撒哈拉沙漠，遇到了來自外太空的小王子的故事。這是法國作家兼飛行員安托萬．德．聖修伯里（Antoine de Saint-Exupéry）於去世前一年，一九四三年所寫的作品。歷經兩次世界大戰，參加抗德戰役和反納粹地下組織，聖修伯里親身見證到人類的集體自私與瘋狂。從這樣的脈絡下來看，《小王子》不是一部單純的兒童文學，它也是一部虛構性的生命書寫，在文明崩塌下的絕望中尋找自我。這本書獻給忘記自己曾經是兒童的成人。從天而降墜機的沙漠場景不僅指涉戰爭的背景；墜機與沙漠的意象也象徵作者精神上的徬徨、迷惑與絕望。

故事是這樣開始的：兩個屬於天空的人，小王子和飛行員不約而同地從天而降，落在無人的沙漠裡。我們可以把飛行員視為聖修伯里本人的「文學自我」。因此，《小王子》可以說是一個作者與自己內在小孩的交涉與對話的文本。

小王子嚷嚷著要飛行員畫一隻羊。繪畫天分從小被壓抑下來的他，拗不過小王子的請求，很努力地畫出令小王子滿意的羊：一個箱子。天真的小王子，是唯一能夠看到這隻看不見的羊，也是能夠識別出敘事者孩童時期所畫蟒蛇裡有一隻大象的人！

小王子是憂鬱的，在他的小行星上，有朵他心愛的花。小王子每天給它無微不至的呵護。但，這是一朵傲嬌難伺候的玫瑰花！無法忍受它的缺點，小王子決定離開，自我放逐到別的星球。在不同的行星裡，小王子遇到很多人，他們帶著各式各樣的面具：愛發號施令的國王、喜歡被人崇拜的人，還有只會算帳的紅臉先生。這些人只在乎他們自己和面具，對身邊的人、事、物毫不關心。拿紅臉先生來說，小王子說：「除了算帳以外，從沒聞過一朵花，從沒看過一顆星星，其他什麼也沒有做過，什麼人也沒有喜歡過。」

小王子接著抱怨：「紅臉先生總是說，我有正經事，我是個嚴肅的人！」正在擔心飛機修復進度的飛行員，心不在焉地聽著小王子訴說羊與玫瑰之間的戰爭這等重大的事。於是，小王子生氣地說：「你們大人只關心你們所謂的正經事！」他接著說：「如果我認識一朵世間唯一的花，只有我的星球上有它，別的地方都不存在，而一隻小羊糊里糊塗就這樣把它一下子毀掉了，這難道不重要？」小王子激動地哭了。於是飛行員感嘆道：「淚水的世界是多麼神祕啊！」

是啊，淚水總是來自內心的某個深處，無法控制的地方。

玫瑰花的啟示

對小王子這樣的外星人來說，地球是個奇怪的星球。居民缺乏想像力，只會不斷重複別人的話，像懸崖裡的回音。他們大量種植一模一樣規格化的玫瑰花，一點生命活力也沒有。不是這樣嗎？我們當今的工業消費社會，抹煞了萬事萬物的生命氣息。以花來說，被我們貼上「愛情」標籤的玫瑰，被物化地轉變成待售的商品。大量複製的廉價玫瑰花，被化約成「愛情符碼」，象徵當前速食、可拋的愛情。當情人節來臨之際，去刺的玫瑰花被緊緊地包裹在塑膠袋裡，然後在千篇一律公式化的愛情儀式結束後，就被丟棄到垃圾場裡。如果不是拋棄到外太空的話！情人眼中只看見他們自己，沒有看見個體的花背後那無可否定的生命力。我們甚至會去嘲笑一個為玫瑰花落淚的男孩。

小王子的玫瑰花對他打了個誑語。一顆來自宇宙的小種子，它虛榮地告訴小王子，它是世界上唯一的玫瑰花。（這顆自以為是的小種子，搞不好還是被我們丟到天空的太空垃圾！）一直深信不疑的小王子，當他在人類單一栽培的玫瑰園裡，看到五千朵玫瑰跟他心愛的花長得一模一樣的時候，小王子這才知道它撒謊了，原來它根本就不是什麼世界上獨一無二的花！

其實，不能怪玫瑰花說謊。因為只要有「我是什麼」的想法，就無法逃離一個帶有獨一無二的「我相」想像，連小王子也不例外。如果他的玫瑰花不是一朵「獨一無二的玫瑰花」，那麼，他也就不是一個「獨一無二的王子」！當這個「獨一無二」的幻相破滅時，小王子難過極了，躲在草叢裡哭泣。這時，「詭計者」狐狸出現了。他告訴小王子另一個「獨一無二」的意義：「一個生物，哪怕是一個普普通通的小生物，如果牠馴養了你，或者說『你被牠馴養了』，牠在你的眼裡就是獨一無二的了。」

狐狸的「馴化」之愛與「獨一無二」

這裡的獨一無二，指的不是數量上的稀罕，也不是人、事、物個體的獨特性，而是在人、事、物之間建立了一個關係連結後所產生出來的獨一無二的情感。換句話說，當我們與自己毫不相關的東西做了一個關係式的連結，一種「獨一無二」的價值就產生了。在此關係連結中，我們為它所付出的努力，包括欣賞、照顧、全然接受（包括缺點或缺陷），並且擔責，形塑出一個獨一無二的關係。這樣的關係化的過程，狐狸稱之為「馴化」。狐狸教導他，只要他曾經「馴化」過這朵玫瑰，為它澆水、擋風，那麼，它對小王子來說，就是獨一無二的。他們也形成了一個無可取代的情感網路。這就是愛。因為「馴化」，所以小王子必須對她負責。這是來自地球的狐狸給小王子的「野狐禪」！

這隻曾在〈百丈野狐〉公案出現的狐狸，現在竟然在《小王子》這樣的兒童文學文類裡，擔任起精神導師的角色。牠教導小王子認識事物本質的祕密：「只有用自己的心才能看清事物，真正重要的東西用眼睛是看不到的。」也就是說，事物真正的本質，往往不是文字、概念或任何世間定義可以傳達的。

在此，我想強調的是，從禪宗的視角來說，當我們用心去看清事情、認識自己，那個時刻所用的心是無心，不是過去心、現在心或未來心。而此「無心時刻」是無法複製，或刻意去營造的。這是禪宗意義上的「獨一無二」。

令人破顏微笑的花

《無門關》第六則的〈拈花微笑〉公案是這樣的：「世尊昔在靈山會上，拈花示眾。是時眾皆默然，惟迦葉尊者破顏微笑。世尊云：『吾有正法眼藏，涅槃妙心，實相無相，微妙法門，不立文字教外別傳，付囑摩訶迦葉。』」佛陀在靈山會上開示，大梵天王以金色波羅花獻佛。佛陀於是拈花示眾，一言不發。眾人當中，只有迦葉尊者會心一笑。佛陀便將此妙法之眼所得的超越性真理託付給尊者。

姑且撇開歷史的真實性，不可否認的，此為禪宗立宗時刻，成就了日後建立以心印心、教外別傳的公案禪。傳遞此妙心實相法門的媒介，不是別的，是一朵花！花在禪宗史上的重要性，可見一斑。「無心」看花，讓我們看到事物的本質，也認識到了自己。

尊者凝視花的時刻，可以說是一個「神話時刻」，體驗到空性無我的真諦。迦葉尊者在那個當下，他的「我」消失了，花消失了，整個世界都消失了。此時，主、客體二元關係暫時消弭，此刻的花不再是注視、愛慕或馴化的對象。可以說，尊者從各種「顏面」裡解脫出來，體會到所有影像和面具的虛妄。這就是迦葉尊者「破顏」和「微笑」的啟示：空性的法喜。

一個更包容的禪修學程

文學是人類的一面鏡子。從《小王子》裡，我們看到人類的眾生相或面具：只會算帳的紅臉先生、愛命令別人的國王、喜歡被人崇拜的人，以及只會模仿的人類。當我們離開這些相或面具時，就變成以為頭不見的演若達多，陷入瘋狂的泥沼，拚命找頭。

如果說，演若達多故事揭示出不認識自己所導致的瘋狂，《小王子》則告訴我們，在踏上「認識自己」的旅程中，我們終將誠實地去面對內心各種情緒，包括失望、失去、悔恨和哀悼等。

文學裡，小王子最終選擇最孤獨的道路，故事以一個隱晦的敘事手法，點出小王子的結局。在地球上待了一年以後，小王子再度遇見蛇，請牠「送他離開地球」。文學鏡像中的小王子的結局，也正是鏡外作者聖修伯里的結局。在出航執行任務時飛機失事，屬於天空的聖修伯里，沒有選擇跳傘逃生回到地球上。

書寫是心理療癒的工具嗎？以《小王子》這部作品來說，書寫並沒有為聖修伯里帶來療癒的作用。反之，此文本看上去更像是一份自我和人類精神狀態的診斷書。也許我們可以說，世俗文學書寫引領我們來到深戲的入口處，也是禪修旅程的開始。

匱乏中的圓滿

《胎記》和〈孤峰不白〉

前一陣子都是歌手李玟（Coco Lee）過世的消息，寡聞的我才知道她是世界級的樂壇明星。就新聞報導的消息來看，除了婚變、罹癌、憂鬱症折磨，加上艱苦的單親背景，看似光鮮亮麗的人生，背後居然有這麼多不為人知的苦難。她的不幸事件，引發社會對女性議題和「微笑憂鬱症」（smiling depression）的討論。根據世界衛生組織預估，憂鬱症將於二〇三〇年攀升至慢性疾病罹患人數的第一位。當然，憂鬱症成因複雜，不僅是精神疾病，也是神經、代謝和免疫的疾病。

不被愛、不被認同或感到生命的不圓滿，容易引發恐懼和焦慮等負面情緒。那麼，文學和公案如何切入匱乏的主題、「生命匱乏感」背後所付出的代價，以及公案如何做為療癒工具。

〈孤峰不白〉

〈孤峰不白〉是這樣的：「僧問：『雪覆千山，為什麼孤峰不白？』師曰：『須知有異中異。』僧云：『如何是異中異？』師曰：『不墮諸山色。』」當僧人問曹山本寂禪師為何所有的山峰都覆蓋著白雪，唯獨這座山峰沒有？禪師回答：「需知那座山與其他群山不同的地方。」當僧人追問孤峰與千山不同之處時，禪師說：「不墮入其他山的顏色裡去。」

參此公案的關鍵字或話頭為「孤峰不白」。

雖說公案修行旨在見性解脫，然而，佛法修行與實踐從來不離世間。公案參究可以權宜地與心理治療，甚至是文學文化批評研究結合，來做為建設「佛法世」（Buddha-cene）的手段。

這裡，我邀請你挑個四下無人的安靜時刻，靜靜地坐著。閉上眼睛，深呼吸，全身放鬆，做如是觀：

想像所有的山，都覆蓋著一層厚厚白淨的雪。在一片千山茫茫白雪之中，你看到一座山峰沒有被白雪覆蓋。請將專注力放在那個山峰，讓它變成你自己。

給自己一些時間，去體驗孤峰不白。

貫之

「為何孤峰不白」這一句英文的翻譯是“Why is this one

bare?"，bare 這個英文字，有荒蕪光禿禿、赤裸無遮蔽、沒有保護、空洞的意思。因此，我們可以把「孤峰不白」詮釋為「匱乏」。也就是，為什麼別人的山峰都白雪皚皚，唯獨我的是光禿禿的？

是否曾經這樣問自己：為什麼所有人看起來都那麼幸福、快樂，只有我是孤單、寂寞的？罹癌的為什麼是我？為什麼總是求而不得？

是的，孤峰不白這個公案，讓我們瞥見了生命本質的一個面向：匱乏和不圓滿。

《胎記》

短篇小說《胎記》（*The Birth-Mark*）是美國十九世紀浪漫主義作家納撒尼爾・霍桑（Nathaniel Hawthorne）的作品，可以說，是一個關於美容整形的故事。一對新婚的夫婦，丈夫艾爾默（Aylmer）是一位熱衷科學實驗的科學家；他的妻子喬治亞娜（Georgiana）美麗動人，婚前有許多追求者，她的右臉頰上有一個手狀的小胎記。新婚後的艾爾默，無法忍受妻子的胎記，不時夢見自己用手術將之切除。最後，妻子喝下他調製的藥水而死。

綜觀這位浪漫主義作家霍桑的作品，以及他所處的十九世紀喀爾文派（Calvinist）的清教背景，我們不得不注意他對「人性之惡」（如「原罪」，即人類或女性受到誘惑而偷食禁果所犯的罪與墮落），以及女性議題的關注。霍桑的高祖父約翰．霍桑（John Hathorne）為一六九二年塞勒姆審巫案的法官之一。家族的歷史讓他深刻地認識到清教主義對人性的壓抑，以及對女性的壓迫。加上自小便隨著守寡的母親住在保守的清教環境裡，這些家族史和童年經驗，使得霍桑不僅同情女性的生存困境，他根深柢固的原罪思想，也讓他一生都有著痛苦的孤獨感。

男性的匱乏：厭女與科技文明的開展

做為心理小說家的先驅，霍桑利用夢境，揭示當時清教的「厭女情結」。此潛意識的厭女（misogyny）心態，反應在艾爾默對妻子臉上胎記一種非理性的厭惡上。霍桑從一個全知的第三人稱視角這樣寫道：「真實常常趁大腦酣睡之時悄然出現，將我們醒而不覺、自我欺騙之事直言相陳。到現在，他才意識到自己的內心世界，已被一個意識完全左右，而為了得到安寧，他竟會想到要做出什麼樣的事來。」

從宗教心理學的角度來看，尤其是基督教，厭女與女性（即夏娃）做為原罪的始作俑者有關。一方面，我們可以把胎記視為是女性原罪的象徵，另一方面，它也是男性潛意識的投射，將自身的原罪和存在的匱乏感投射到女性身上，然後幻想可以由科技來消除此原罪。這裡，《胎記》表達出科學意識型態背後的深層宗教救贖意識。

「後伊甸園」生、老、病、死的人間世，形構了生命匱乏、不圓滿的本質。這裡，《胎記》也指出人類的匱乏感為促動西方科技文明背後的推手。此說法與奧地利心理學家阿德勒（Alfred Adler）的《自卑與超越》（*What Life Should Mean to You*）有異曲同工之處。阿德勒提出，人類文明的推動與人類與生俱來的自卑情節有關。可以說，沒有自卑，就沒有進步的動力。

女性的匱乏

承載男性的原罪和存在的匱乏感，順從丈夫的喬治亞娜，對丈夫的「大自然最美麗造物的瑕疵」一說提出質疑。她問道，這個胎記有沒有可能就是生命本身的印記？還有，科學是否真的能夠「除掉這隻出生之前就已緊抓住了我的小手」？換句話說，當今的科技有沒有辦法幫助我們解決存在最根本的問題，如原罪或無始的因果業力？

其實「這隻出生之前就已緊抓住了我的小手」可以是一個話頭，如「父母未生前的面目」。

撇開基督教的原罪不談，若將喬治亞娜的匱乏感放在父權社會結構下來審視，就能看到，女性的自我定位和匱乏感，多半來自男性的觀點。喬治亞娜告訴丈夫：「老實說，當人家都認為它嫵媚迷人，我也就以為如此了。」了解到丈夫是這麼地厭惡她臉上的胎記時，喬治亞娜便很快地將丈夫的嫌惡內在化，變成她自己的嫌惡。當阿爾默將他做的惡夢告訴喬治亞娜時，他央求著：「一旦我糾正了大自然最美麗造物的瑕疵，我將多麼快樂。」為了討好丈夫，喬治亞娜說：「不管冒多大風險，我們都試試吧！我不在乎危險，因為只要這塊可怕的印記讓你對我害怕、厭惡。那麼，生命就成了我心甘情願扔掉的包袱。要麼去掉這隻可怕的小手，要麼就拿去我悲慘的生命！」男性中心的意識型態不僅將女性物化，將之視為「大自然的造物」，女性在被物化的同時，她的內在意識也開始產生不圓滿的匱乏感。

其實，做為一個普世情緒，人類的匱乏感源自嬰兒時期。從發展心理學的角度來說，嬰兒必須藉由認同照顧者，得到他們的關愛，才能確保他們的存活。可以說，人類一生下來就是由恐懼或焦慮的情感所主導，懼怕被照顧者遺棄，這說明了為什麼他人的眼光，往往成為我們的身分認同、自我價值，以及快樂的指標。當權力掌握在男性手上，必須依賴男性生存的女性，更復如是。

〈孤峰不白〉的另一個面向

不管是面對被遺棄、喪失親情、自卑、孤獨、罹癌或身體的缺陷等，這些讓我們感到自卑、匱乏、對生命絕望的「孤峰不白」，正是公案參究的嚴肅課題。公案修行迫使我們去面對世間裡的不圓滿、失望和無常的面向。

然而，做為超越性的文類，公案到此其實還沒有結束！「孤峰不白」只是此公案前半段淺戲的部分。這裡尚有第二個部分，就是「不墮諸山色」。

當曹山禪師告訴僧人，要知道那座山與其他的群山不同的地方。他要僧人去進一步地參「不墮」。這個「不墮」，指向公案超世間解脫面向，也就是深戲，為解脫匱乏深淵的藥方。

與文學的功能不同，公案的殊勝之處，倒不在於診斷、考察苦的現象，而在於它的解脫功能。

可以說，公案修行就是一個深戲心理治療！當我們證悟到「不墮諸山色」的「孤峰」，那麼，這個與眾不同的孤峰，就不再是孤獨、失望和不圓滿。

其實，我已經把「孤峰不白」的答案說出來：連成一片。

當然，知道答案不會具有任何療效，也不等於開悟。

參孤峰裡「連成一片」的深意，在於了解到，我們其實一直都與萬物同在，也就是，公案中的「千山」是連結在一起的，從來沒有分開過。孤峰只不過是表象的幻相罷了。

不安與忠心

〈達摩安心〉和《不忠的妻子》

德國哲學家尼采（Friedrich Wilhelm Nietzsche）在晚年孤寂的歲月裡，他的繆思化身為惡魔的形象，藉由哲學家的筆向世人宣告：「你現在和過去的生活，就是你今後的生活。它將周而復始，不斷重複，絕無新意。」即便哲學家努力嘗試超克，惡魔的詛咒最終仍令尼采發狂而終。如何面對存在的虛無、匱乏和了無新意的意識輪迴，是二十世紀前半葉盛行的存在主義所關注的課題。

當尼采提出以「生命之愛」來超克永恆輪迴，禪宗祖師則會說，接受任何存在的形式，並以愛和責任回應，當然是沒有問題的。然而，這卻不是根本解決之道。要停止永恆輪迴的齒輪，必須先探索我們的心。在無止盡輪迴的是我們的心。所以，要解脫，就得先找到我們的心。

公案與文學的異盟：〈達摩安心〉與《不忠的妻子》

《無門關》第四十一則的〈達摩安心〉，正是一則覓心、觀心的公案：「達摩面壁，二祖立雪斷臂云：『弟子心未安，乞師安心。』摩云：『將心來，與汝安。』祖云：『覓心了不可得。』摩云：『為汝安心竟。』」

達摩在少林寺面壁九年，心不安的二祖慧可前來請求祖師安心。達摩要他把心找出來。二祖覓心不得，達摩這才告訴二祖，心已為他安上。

強調禪修的達摩祖師，我認為他給二祖的教育沒這麼簡單。禪宗以心印心、不立文字的傳統，很多細節隱匿於歷史，達摩與二祖之間的「小參」輕描帶過。所以，我們無從得知二祖覓心的過程與細節。

然而，除了覓心的主題外，這裡還有個重點，那就是：解脫的前提，也就是驅使我們去尋心的，是不安和焦慮。焦慮不安的心，讓我們直觀地意識到生命不圓滿，逼使我們離家或出家去尋找那顆安家穩當的真心。

弟子心未安

《不忠的妻子》（*La femme adultére*）是法裔阿爾及利亞作家阿爾貝・卡繆（Albert Camus）於一九五七年發表的作品。此短篇小說講述的是一對住在阿爾及利亞的黑腳夫婦❶前往大漠經商的經歷。在長途跋涉的旅途中，坐在巴士裡的妻子雅尼娜憶起少女時代的抱負。年輕時害怕孤獨，於是選擇婚姻，放棄成為運動員的理想，與原本想當律師的馬塞爾結婚。婚後的丈夫，卻成了一個無趣的、日復一日汲汲營營的布商。目光呆滯、毫無生氣的馬塞爾，不時提醒雅尼娜，她是為了他的愛而存在！

在巴士上，雅尼娜受到一位年輕士兵吸引，重新喚醒她沉睡已久的心。抵達目的地後，雅尼娜和丈夫去參觀當地的要塞台，欣賞大漠風景。在台上，雅尼娜看到無垠的沙漠，視線無意中接觸到廣袤的天地霞光和地平線。剎那間，「時空靜止了，天上的雲不再流轉，腳下城鎮的喧鬧嘎然而止，似乎在這一秒，地球停止了轉動，她的心也停止了跳動。」此刻，所有輪迴的齒輪全然停頓下來。雅尼娜體驗到：「在這一秒，人們不會老去，更不會死亡；這一秒一切生命都停止了。這一秒屬於永恆。」

雅尼娜在大漠裡體驗到的「當下臨在」經驗，讓她了解到，在她心中，有個東西悄悄地死了。

用禪宗的話來說，就是「大死一番」，此為轉識成智的時刻。

不忠與忠的辯證

這裡的「不忠」主題，彷彿是隻變化多端的詭計者狐狸，幻化出忠與不忠的辯證。當一個人存在的虛無達到極限時，心就開始焦慮不安。現代人面對焦慮的方式是躲到虛擬的消費資本主義舒適圈裡，所以，與其說我們在追逐瞬間快樂和短暫物質享受，還不如說，其實是在逃避當下的孤寂和虛無感。我想多數人大概無法忍受一天不滑手機的日子吧！

虛無，如果不是網路消費社會下被瀕臨絕種的物種，就是被資本主義輻射異化的噬人鬼魅怪獸，如宮崎駿《神隱少女》（千と千尋の神隱し）裡的「無臉男」，生命已經被異化得面目全非。現在這個無所不在的鬼魅，已生態化、地質化、氣層化、海洋化，無所不在，並開始回過頭來反噬我們，這個鬼魅以我們命名，叫作「人類世」。

其實，不忠是反抗、出離與對抗，對抗只朝往一個方向不停跑圈圈的白老鼠般的存在。讓我們困在跑圈圈的牢籠裡的形式有很多，如機械、單一化的制度、體系和意識型態，不管是消費資本主義、父權的婚姻制度、工業化的生活模式、單一農畜牧業等。這些持續存在的體系，皆凸顯出個人和集體存在的狹隘和荒謬。與其無批判性地接受此般的「同一性實踐」或永恆輪迴，不忠要我們去背叛這些囚禁我們的慣性引力。

或者反過來說，不忠於外在的價值和意識型態，才是一種忠的表現。「忠」這個字，上「中」下「心」。所以說，回到自心的中心就是忠。

從禪宗的視角來看，一個忠於自心的體驗，是廓然與虛空連結的「不二」。在西方，多半以心理學家馬斯洛（Abraham Maslow）所說的「高峰經驗」來表述。當我們找到穩當的安心之處，我們就不會以大量消費、追求名利，或盲目服從權威等方式，來驅散鬼魅般的空虛（或之後會提到的「內在狐狸」）。這就是「達摩安心」的現代意涵。想要解脫，我們就要反向操作，歸本溯源地去面對我們的心，用「高峰經驗」來打破慣性、習性。

為汝安心竟

眼見這單調的沙漠，無聊至極的馬塞爾催促妻子返回旅館。此時的雅尼娜「卻始終無法將視線從那地平線上移開」，因為「在更遠的天際，似乎有什麼在呼喚著她。她一直夢想找到它，她從未如此清楚地知道自己想要什麼。一位偶然到此遊訪的女子，第一次叩醒了自己的心門。多年來束縛著自己的習慣、規矩和煩悶正一點點解開」。這時她才了解到，原來她的心，一直都困在慣性的婚姻圍城裡，熟悉的地方、無新意的日子，不斷地重複著。雅尼娜就這樣行屍走肉地過了二十年。

這是一位妻子的「外遇」故事：與外塞廣大無垠的地平線相遇！這樣的外遇，讓她找回自己。雅尼娜必須忠於內在聲音的召喚，再度回到那裡。於是，半夜趁丈夫熟睡時，她悄悄溜出房門，往大漠奔去。當天空的遼闊和無盡的星星淹沒她時，雅尼娜的身分開始產生了變化。從「僅僅是丈夫的延伸」，被丈夫叫作「雅尼娜」，這個他們倆都不知道是什麼意思的人，開始轉變成為「無垠廣大世界的一部分」。此時的她，不再是馬塞爾的妻子，更不再是「雅尼娜」。

覓心不可得

從禪修學程的角度來看，雅尼娜的「高峰經驗」只是修行的前半段而已。不可說的空寂不是開悟，還必須進入下一個階段：從空到有的妙覺，如《景德傳燈錄》裡香嚴禪師「以瓦礫擊竹作聲，俄失笑間，廓然省悟」一樣。同樣地，雅尼娜進入遼闊的意識空間時，聽到了被風吹裂的石頭的破裂聲，此破裂聲「打破了這一片肅穆」。

這裡，卡繆以一個存在主義的方式來描寫雅尼娜「廓然省悟」的經驗，「此時的雅尼娜，沉浸在這星火流轉的美景中無法自拔。她與這些流星一起旋轉，而這近乎凝固的畫面，讓她找到了自己的存在的價值。」彷彿佛陀夜睹明星，雅尼娜在此所看到的流星，不再是一個身外的風景，而是意識活化的顯現。一直活著淺戲裡的妻子「雅尼娜」消失了。這是一個神話時刻，真正的她復活了！

回到旅館房間，睡眼惺忪的丈夫看到她在哭泣，問其原由。淚水縱流的她回答：「nothing!」（「沒什麼」或「無」的意思）

一個叫作 nothing 的公案

我不得不說，卡繆是一位深諳公案文法（雙重或多重敘事性）和修辭（含混、多義性的象徵或雙關語）的文學大師。首先，做為一部文學作品，《不忠的妻子》裡所探討的主題和層次非常豐富，並重疊互滲。表面上，這是一個探討女性婚姻圍城和阿爾及利亞複雜的族裔身分認同的文本。同時，女主角在野地的際遇，以及沙漠風景的書寫，也顯化了文本的「精神生態女性現象學」的內涵。《不忠的妻子》書寫女性的大自然或荒野經驗，雖然運用第三人稱來書寫，此野性經驗不是一個客觀視角下開展的自然荒野的書寫，而是將大自然視為是「高峰經驗」或開悟經驗不可分割的一部分。

做為一個存在主義的文本，敘事裡的「虛無」和「不忠」的主題，為我們提供一個與前現代公案對話的可能性。首先，雅尼娜對丈夫所說的 nothing，讓我們聯想到美國戰後作家海明威（Ernest Hemingway）的短篇小說〈一個乾淨明亮的地方〉（“A Clean Well-lighted Place”）。小說裡，老服務員喃喃念著虛無化的《玫瑰經》（*Rosarium Virginis Mariae*）經文：「我們在 nada 的 nada，願人都尊你的名為 nada，願你的國 nada，願你的旨意 nada，在 nada 如同行在 nada……。」這裡的 nada 為西班牙文，是「無」的意思。這一段著名且讓人震驚的文字，可以說是海明威「上帝已死」的存在主義宣言；海明威最終舉槍自盡，墓碑無字。

《不忠的妻子》裡的 nothing，雖然表面上說是「沒什麼」，但它指涉存在主義意義上的「虛無」，也就是存在本身的無意義性。這顯現在雅尼娜在婚姻圍城裡的空虛。

然而，不同於老服務員的 nada，雅尼娜的 nothing 同時指涉

「虛無」的另一個面向，也就是禪宗所說的「空」。她的高峰經驗，讓她領悟到生命當下的臨在圓滿。這些多義性讓《不忠的妻子》看上去更像是一則公案。雅尼娜最末的 nothing，可將之視為一個話頭，它要我們去參這個 nothing 到底是什麼？

❶——「黑腳」意指法屬阿爾及利亞的法國公民。

歷史下的裸命

《恥》與〈胡子無鬚〉

紐約的流浪漢

街友（包括逃家的青少女，和帶孩子流浪街頭的年輕媽媽）居全美之冠的紐約，是個沒有公廁的世界之都（除了布萊茵和中央公園以外）。當然，大量非法移民進入美國各藍州（支持民主黨的州），讓紐約的街友問題雪上加霜。自二〇二二年以來，紐約非法移民人口爆增，多數來自德州和佛州；主要的大道，如百老匯、麥迪遜、萊辛頓，街頭露宿狼狽景象隨處可見。

與其他餐飲連鎖店不同，相對有著社會責任意識的星巴克咖啡店，擔負起公廁的角色，允許街友使用廁所，甚至盥洗。清晨六點時，少數街友趁這個城市還睡眼惺忪之際，進來取暖、小憩片刻。二〇二二年冬天，在住家附近的一間星巴克，我認識了一位來自古巴的街友。他是一位非法移民，總是如陽光般咧齒一笑，用一口濃厚西班牙腔的英文跟大家打招呼。每當我看到帶著所有的家當的他，滿臉倦容，安穩地攤坐在星巴克的沙發上，就由衷地感激這個超級資本主義連鎖店星巴克。

黝黑不修邊幅的他，總是坐到打盹，工作人員只好請他離開，因為「無為」是資本主義最不喜見的客人。我們從點頭之交變成星巴克之友，有時，我買咖啡和可頌讓他得以留下。一次，我問他想吃什麼，他希望我直接給他錢。我問：「你想買什麼？」他老實地回答：「liquor（白酒）。」他掏出一個袖珍型的扁酒瓶給我看。我以為他是酒徒，勸他戒酒。「不行，一定要喝酒，才能禦寒。這最省錢，外面太冷了。」他說。

大時代下的芻狗

只知他是古巴人，非法輾轉來到紐約。舉目無親、沒有身分，只能露宿街頭，打零工度日，有一餐沒一餐的。是天地不仁，還是歷史之惡？有著「美國後花園」之稱的古巴，被美國經濟制裁近六十年，長期制裁是古巴人惡夢的開始。生活艱辛的古巴人，月薪只有十六美元至二十二美元。川普執政期間，又因「哈瓦那綜合症」導致使館人員出現聽力下降、頭暈、噁心等症狀，撤銷了簽證業務，導致正規的移民途徑被切斷，古巴人只能藉由偷渡的形式來到美國。根據《華盛頓郵報》的報導，光是二〇二二年四月份就有三萬五千名古巴人到達美墨邊境。

諸多複雜歷史因緣業網，讓我們看到如芻狗般存在的一介小民，是如何在大時代緣起之網羅裡求生。

一個冷颼颼的清晨，我在十字路口上遇見他，正拄著拐杖緩慢地從對街走過來。他把所有的衣服都套在身上，只剩一隻裸露的腳，紫腫得快要爆開。我問他怎麼回事？他答：「糖尿病。」我掏些錢，要他去買冬襪穿上，他捶胸嗆淚地離開。那天之後，我再也沒有遇見他。

柯慈的《恥》：歷史暴力與輪迴

他離開後，我開始感到內疚。有沒有可能，我對他的關心，侵犯到他的尊嚴？還是，他人的關懷，加深了他對眼前狀況的全然無力？

不禁想起諾貝爾文學獎得主南非作家柯慈（John Maxwell Coetzee）於一九九九年發表的《恥》（*Disgrace*）。這是一部毀多於譽，甚至被南非曼德拉政府指控為詆毀黑人的小說。故事發生在種族隔離制度終結後的南非，探討複雜交錯的種族及性暴力議題。故事如其名，此文本是由一連串可恥、屈辱事件接續而成。男主人翁魯睿（David Lurie），五十多歲英國文學教授，一位崇拜拜倫（Lord Byron）的個人主義者，代表歐洲殖民者的舊社會秩序。他的女兒露西（Lucy），是一位主張動物平權的女同性戀者，在好望角鄉間經營農場和大型犬託管事業，她代表在南非必須調適種族新秩序的下一代白人。

魯睿因性醜聞在遭到學校解職後，來鄉下投靠女兒。一次，露西遭到三位黑人集體強暴，並將魯睿反鎖在廁所，並射殺露西養的七隻流浪狗。事發後，魯睿堅決報警，要女兒尋求公道、捍衛名譽。然而露西拒絕，並選擇最屈辱的解決之道。她接受與施暴者之一的親戚，也就是農場裡的黑人幫工的提議：當他的小老婆，並把農場土地擁有權轉給他！如此一來，露西得以在他的庇護下，不再受到其他男性黑人的侵犯。

眼見父親完全無法理解她的決定，露西向他坦承，她感受到那三個施暴者對她濃烈的恨。這個歷史之恨，緣出於白人長期對黑人的壓迫與剝削。這個恨，能夠置她於死地。

此歷史之恨也波及到無辜的非人類動物。原來，在種族隔離期間，白人政府大量訓練專咬黑人的狗，當時黑人的生活也遠不如這些狗。這裡，柯慈用文學虛構的形式娓娓道出，歷史暴力的輪迴是如何展現在黑人對白人女性的暴力和動物屠殺上。當然，我們必須理解此敘事中潛在的「黑色威脅」論，這正是《恥》最受爭議之處。

裸命視角下的緣起性空

「裸命」（bare life）一詞由義大利哲學家阿甘本（Giorgio Agamben）提出，指的是政治權力被剝奪、邊緣化，只剩下赤裸的生命本身，其他一無所有。身為白人女性的露西，面對後種族隔離時期的困境，告訴父親：「當我們沒有尊嚴和權利時，只能這樣選擇，並且心懷感激，就像狗一樣。」她拒絕父親所認同的西方白人訴諸法治的作法，轉而採取在非白人和被視為是「活垃圾」的動物的存活策略。

露西承認道：「是的，我知道這很羞愧。但也許這正是我該學著接受的東西，從起點開始，從一無所有開始。不是從『僅有』（nothing but）開始，而是真正的一無所有，沒有辦法、沒有武器、沒有財產、沒有權利、沒有尊嚴。」

「像狗一樣！」

「對，像狗一樣。」

可以說，露西這位狗媽媽，為我們演繹了一個非人類中心主義的緣起性空。從棄狗的身上，她了解到我們不是一生下來就有什麼，或者「僅有什麼」。從最赤裸裸存在的層面上來說，我們本來就一無所有，包括主體性，以及被我們建構的價值、意義、名譽、地位和身分認同。一個存在主義式的「裸命」。

也許，我們很難嘛下什麼都不是、空無所有的存在，但是，試想有多少流離失所的難民（如前述的古巴流浪漢）和成千上萬的受難動物每天都在為我們上演這樣的赤裸無尊嚴的生命？

有沒有可能，露西的「狗命說」道出了裸命者和非人動物的心聲？

〈胡子無鬚〉

《無門關》第四則公案：「或庵曰：『西天胡子，因甚無鬚？』」有庵主問，達摩祖師為什麼沒有鬍子？此公案的關鍵字是：無鬚或 no beard。

從心理分析的角度來說，這個〈胡子無鬚〉與《恥》這兩個文本皆與身分認同有關。他們有著一個共同主題，那就是「羞辱」，即男性尊嚴和女性身體和經濟自主權的喪失。〈胡子無鬚〉裡的「鬍鬚」意象，代表的是一個人的認同，如性別、文化或社會地位。例如，在伊斯蘭文化裡，鬍子代表美德、男子氣概和長者的智慧。當然，這裡的「胡子」指的是南印度王子達摩祖師。可以說，鬍鬚代表男性經驗、尊嚴、榮耀、社會地位和智慧。

此公案要我們參的是一個「無鬚時刻」：是什麼原因讓一個男人無鬚？在我們最受羞辱的時候，那個「無鬚」之人是誰？

《恥》做為「文學公案」

如何面對後種族隔離的現實和屈辱，是露西和她的父親都必須要參的「無鬚」公案。這裡的「無鬚」，代表白人在後殖民時期所繳械的尊嚴、權力和社會地位。之於此「無鬚」公案，露西的「答案」是：接受和妥協，以屈辱的方式，來消弭世代的種族仇恨。她決定將強暴懷孕的孩子生下來，藉由跨種族混血，來化解歷史的恩怨。當然，這裡也指涉了一個無法掩蓋的事實：南非是女性遭強暴後產下小孩人數全球最多的國家。

從淺戲的維度來說，《恥》的貢獻在於為個人苦難或女性和動物悲劇提供了一個更大維度的歷史宏觀視野。這樣的淺戲書寫可與禪宗公案文類互補。換句話說，文學補強了公案文類所欠缺的論述式的針對苦難的省思和批判面向，尤其是「集體集諦」的層面。

換句話說，當作者將發生在露西個人身上的暴力事件，置放在後種族隔離時期這樣的歷史背景裡，她的故事就不再只是一個個人敘事，而是屬於一個大時代共同體的集體敘事，這就是詹明信所說的「國族寓言」。也就是，個人的私人命運總是做為第三世界文化與社會公共處境的寓言。❶其實，我們也可以說，文學讓我們看到個人的生命故事，是如何緊緊地鑲嵌在歷史業力的巨輪之下。這裡的重點是，私人命運和歷史共業脫離不了關係。從一個深層「不二」的維度來說，沒有我的、你的、他的業力。地藏菩薩所發的「地獄不空、誓不成佛」願力，就是了解到這個超越個體的深義。

文學與公案的交接處

當然，從現實的視角來說，露西的「忍辱波羅蜜解決方案」確實是過於天真、不實際的。不管是古巴裔街友或露西，個人屈辱與尊嚴，和歷史緊緊糾纏在一起。複雜的政治、歷史的共業糾纏，不是光靠忍辱波羅蜜就可以解決的。也許，另一種理解露西的提案，就是將之視為一個深戲書寫。這裡，我們可以繼續探索的是：一個超世間的視角如何介入歷史，如何為歷史提出救贖之道？

這也正是「胡子無鬚」此公案要我們去參的。

❶—— Fredric Jameson. "Third-World Literature in the Era of Multinational Capitalism." *Social Text*, No. 15 (Autumn, 1986), pp. 65-88.

第二篇

看見有情，
看見世間

還我犀牛

〈鹽官犀扇〉

　　在一片蔥鬱的森林裡，科學家在樹幹上放置一個植物音樂發聲器，把鴨嘴夾夾在長在樹幹上的蕈類的耳朵上。不一會兒，儀器開始閃閃發出霓虹般的顏色，曼妙的音樂在靜謐林中溢散開來。植蕈類的音聲，處於人類感知和想像的邊緣地帶。為了傾聽大自然的密語，笨拙的人類運用科技去翻譯不為人知的活力世界，將植物的生命律動，轉化成為人類熟悉樂器演奏的音符信息，來幫助「聽見」

自然。

蕈類正在唱歌呢！

這裡出現了一個值得思考的問題。那就是，如果蕈類不會唱歌、取悅人類，是不是就得不到人類的禮讚？換句話說，為什麼無法被人類感知到的東西，就被視為是死氣沉沉的無生命體？為什麼我們自認開化的現代文明，無法反其自身地修正自己的認知，去接納並尊敬大地的差異他者性和本然之聲？

用感官經驗與有情世界、器世間做感性連結，是一種以人類自我主體出發認識他者的方式。雖然，做為一種跨物種連結的策略，它有其正當必要性，這也是當前生態批評所大力倡導的跨物種道德策略，然而，在當前氣候變遷的局勢下，只停留在眼、耳、鼻、舌、身——美學感官經驗上的認知，仍舊不足以做為以他者出發的生態倫理基礎。換句話說，以感知和經驗來做為跨物種道德關懷的唯一基準，仍有待商榷。

以感官經驗出發的「愛生」（biophilia）和「懼生」（biophobia），多半是人類中心的情感，是人類單向式（或單一物種）的跨物種經驗。例如，我們會本能地根據喜好和厭憎來保育或滅殺某種特定物種，如滅殺具有攻擊性的鯊魚。我們對鯊魚的懼怕，非關鯊魚本身，但我們的行為卻會導致生態體系的失衡。

以感官經驗出發的道德論述，也排除了其他無法進入人類感官世界的物種，來做為關懷的主體。雖然想像跨物種的感性連結是一個重要的美育課題，畢竟美學一詞與感官經驗有關，但我們也必須承認，這樣的跨物種連結是建立在一個不平等的物種關係和想像的模式上。這樣的「我／他關係」模式，默許了一個道德門檻，那就是：我們容易將無法被覺知到的，或與我們毫無親緣關係的物種，排除在道德考量之外，任由剝削和宰制。這無疑是生態危機的主因之一，也違背了佛教無緣大慈的愛生原則。無緣大慈超越「緣」或物種層面相關連結的條件制約。不管有緣無緣，所有有情無情眾生，甚至是器世間，都是菩薩關懷的對象。這是佛教的道德律令！

絕對他者：真正生活的缺席

看著繽紛爍燦的燈光，聽著蕈類的和聲，西方哲學家列維納斯（Emmanuel Levinas）的那句「真正的生活是不在場的，但我們卻在世界之中」，突然浮現腦中。❶這是一個值得細細咀嚼的哲學話頭！

對這位曾經上過戰場、被關在納粹集中營的猶太哲學家來說，哲學最重要的工作是思考面對「他者」的道德問題。他提出「他者哲學」，並以「面龐」（face）的概念，要我們去回應存在於自我意識之外的真實他者。「面龐」代表的是一個無法被自我意識殖民或同一化的「絕對他者」的象徵。他者的面龐和凝視，要求「我」給予它一個道德回應。

如何回應他人或他者的那張赤裸且脆弱的面龐？

「面龐」不是一個同理心或移情的倫理概念，因為以「將心比心」同理或同感或同層出發的倫理道德，是在同一性的原則（如強調相似性而不是差異性）的前提下才得以成立。列氏的「面龐」，強調他者的絕對差異性。他者以自身樣貌呈現出來，拒絕我們以六識（眼、耳、鼻、舌、身、意）將它變成一個可以被經驗、認知、理解、言說的內容和對象。「面龐」抵抗前六識的感官形象化、語言化和概念化（如圖解、數據化），拒絕被人類科技翻譯出來的「眾生相」殖民。

列氏的「面龐」哲學與禪宗「不知」有異曲同工之處。從世間法來說，兩者皆抗拒強調他者的不可知性，尊重其絕對差異性。當小我全然放下時，進入與他者相遇的神聖「開悟時刻」。列維納斯稱它為「倫理時刻」。

此刻，我與絕對他者以一種「無家可歸」和「貧乏」，即赤裸、無包裝、無屬性的樣貌相遇。許多修行者將此開悟時刻，形容為一種法喜的廓然虛空的狀態，為《十牛圖》中「人牛俱忘」的階段。當然，這只是禪修經驗的一個過渡階段而已。另一個比較成熟、持久的狀態，除了如如不動、自我意識和我他邊界消失，尚帶有一種非第一人稱（即從「我」的外部出發）的覺知，與世間既離既合，這是《十牛圖》的「還本溯源」階段。

此「陌生時刻」，為對有情和器世間開敞的「朝向世間」時刻，但夾雜寂寥的陌生和距離感。「陌生時刻」屬於「禪宗三關」（見山是山、見山不是山、回到見山是山）裡的第三關「回到見山是山」。不同於第一關，這裡的「陌生時刻」是一個實實在在地臨在、覺知的真正生活，而那個以「小我」為中心的意識不在其中。

〈鹽官犀扇〉：還原實相

「鹽官一日喚侍者：『與我過犀牛扇子來！』者云：『扇子破也。』官云：『扇子既破，還我犀牛兒來！』者無對。資福畫一圓相，於中書一牛字。」此為《從容錄》第的第二十五則公案。有一天，鹽官齊安國師叫喚侍者，要他把犀牛扇子拿來給他，侍者告知扇子破了。鹽官便說道：「扇子既然破了，那麼，把犀牛還給我！」這個公案到此，還沒有結束，但且容我在此打住。公案的關鍵字：犀牛。

無疑地，這是一個關乎他者的公案。這裡的我他關係，聚焦在人類對犀牛的文化想像（犀牛扇）與真實（犀牛）上。這裡的犀牛扇，可以是畫著犀牛的扇子，也可以是以犀牛角製作而成的扇子。當鹽官被告知扇子破了（也就是一語道出一般人的真實生活並不在場的事實），他要侍者把犀牛還給他（也就是真實生活的本源）。

首先，讓我從唯識學的角度來談為什麼是犀牛？

在古代，犀牛象徵我們虛妄不實的意識。在周朝關尹子的《文始真經》有這樣一段描述：「是非好醜，成敗盈虛。……皆因私識執之而有。……浮游罔象，無所底止。譬睹奇物，生奇物想，生奇物識。此想此識，根不在我。……譬犀望月，月形入角，特因識生，始有月形，而彼真月，初不在角，胸中之天地萬物亦然。」可以看出，犀牛望月指涉被虛妄意識遮蔽實相。犀牛角遮蔽犀牛的視線，導致望月時無法看見月亮的全貌。在此，犀牛角象徵我們的妄識。

當周朝的《文始真經》過渡到唐宋時期的〈鹽官犀扇〉公案，期間經歷一千多年的時光。這兩個文本讓我們看到犀牛意象，開始由妄識的象徵（犀牛角）轉變到實相本身（犀牛）。犀牛成為實相的指涉物，或列氏口中的絕對他者，也就是鹽官的「還我犀牛」。有意思的是，此轉變與犀牛的變遷史有緊密的關係。

從環境史的角度來說，犀牛意象的轉變反映出中國生態環境的變遷。犀牛很早就出現在中國。除了甲骨文出現的犀牛紀載，古代也常將犀牛做巫術、軍事、儀式、醫藥和娛樂用。西漢晚期，犀牛已在中原絕跡。到了唐朝，犀牛已成外來物種，成為進貢的珍禽異獸，為皇家的表演動物和寵物。犀牛的稀缺，成為財富地位的象徵。而華人對犀牛角入藥的需求，導致犀牛成為當前極度瀕絕的物種，目前全球的犀牛只剩下五千四百隻。

由此看來，從古人環境潛意識的視角觀之，「還我犀牛」透露出鹽官的動物關懷意識。環境潛意識指的是，被自我中心意識壓抑下來的環境覺知，處於日常表層意識的邊緣，尚未進入主流意識型態或成為公共領域的議題和話語。物種滅絕，可以說是現代社會中自我中心意識過度膨脹的產物。若說唐代的鹽官有什麼物種滅絕意識，那就犯了時代錯亂的謬誤。即便如此，我們仍可開展出一個可以與現代生態批評論述對話的「環境潛意識」話語。

公案修行的生態轉向，凸顯出禪宗「他者導向」的生態批評意識和實踐。當列維納斯的「面龐」提供一個超越美學的道德論述途徑，那麼，禪宗的「生態他者」（如這裡的犀牛）彌補了列氏的人類中心主義視閾的局限性。

名叫「他者」的公案

回到蕈類唱歌這件事。當鴨嘴夾夾住蕈類的耳朵的那一剎那，我的心突然有種刺痛感，只是我的想像嗎？此時突然閃過了一個念頭：「難道我們忘了那隻被送到外太空，叫作『火腿』（Ham）的猴子？」牠在回返地球的太空艙裡咧齒而笑，被我們人類錯解為開心歸來，殊不知，在動物行為學家的眼中，牠的開懷大笑其實是在表達內心的極端恐懼和焦慮。

面對非人類他者，我們為什麼這麼天真地相信，人類的經驗能夠與其他非人物種無縫地對號入座？海豚的嘴形與天真無邪的微笑有沒有可能無關？由音樂發聲器所翻譯出來的曼妙之音，有沒有可能事實上是葷類受到外物侵犯的抗議怒吼，以及對其他葷類發出的警示？

面對其他物種的面龐（如果列維納斯願意承認猴子和蘑菇也有面龐的話），我們的「第一人稱」（「我」的主觀經驗、「我」的詮釋、一切「以自我為中心出發」的任何臆想），其實都是在壓抑他者的自身呈現？在面對他者之際，有沒有可能「不知」才是更謙卑、更道德的？不以「知」來僭越、殖民他者。這把犀牛扇的「破」，就是在破除我們對犀牛的他者想像，開啟「不知」之門，去面對不可知的他者，並給予尊重。

我們都有義務去參「他者」這個公案！

物種滅絕下的圓相

回到犀牛公案。到目前為止我只講了一半。公案的下半部是這樣的：當鹽官下了一道「還我犀牛」的道德律令時，資福在一把扇子裡畫一圓相，於其中寫了一個「牛」字。這裡，我們來到深戲的部分，必須去參、去深遊。

若硬要給出一個淺戲或論述式的生態詮釋，也許我可以這麼說：圓相中心的「牛」字，提醒我們，一個圓滿存在或開悟狀態，是向外敞開的。圓相不是一般封閉式圓圈，它的缺口，打破此自我意識的永恆循環。禪修人有義務不斷地練習將封閉的自我迴圈打破，對世間萬物敞開，直到自我不再封閉為止。不管是我們聽得見或聽不見的他者，他們就是圓相，我們的生命活力！

❶——伊曼紐爾·列維納斯，《總體與無限：論外在性》，朱剛譯，北京大學出版社，二〇一六，頁三。

文人、哲學家和禪師的貓

狸奴參

最近一位香港中文大學博士生到紐約，來跟我做短期的冥想生態批評研究。初次見面，她送了一本《貓詩》（*Cat Poems*）英文詩集，搜羅了世界各地以貓為主題的詩。❶神奇的「共時性」時刻！我剛好正在構思一篇關於貓的公案書寫。打開詩集，首先看到的，就是美國意象派詩人威廉・卡洛斯・威廉斯（William Carlos Williams）的〈詩〉（"Poem"）。我將它翻譯如下：

當貓
翻越
小冰櫃的上方
右前腳
才跨過去
小心翼翼地
後腳就
一個栽跟兒地
掉入空心花盆裡

養貓之人讀此首詩時，會莞爾一笑。這正是貓經常幹的行當。看似優雅、矜持，卻又四處闖禍上身，破罐子破摔！威廉斯的詩，除了刻畫出貓的雙重矛盾性格之外，它也是一首關乎參禪的詩。藉由貓的行路，來影射禪修過程中，有心和無心之間的交互過程。看來，這是一隻禪貓：一隻在經行中小心翼翼，卻一不小心地踏入「貓空」的小狸奴！

貓即禪

被古人叫「狸奴」的貓，是永遠參不透的東西。這就是為什麼古今中外的文人、哲學家皆為牠著迷，像禪一樣。南宋愛貓詩人陸放翁，為他的「小於菟」寫下「時時醉薄荷」的詩句。五百年後的日本江戶時期，命運多舛又同情弱者的俳士小林一茶，為流浪貓做出這樣的俳句：「流浪貓／把佛陀的膝頭／當枕頭」。

貓科動物不僅闖入古人的詩句中，也藏匿在禪宗公案和古頌裡。在宋代釋道行的《頌古十七首》裡，我們可以看到貓的野生親戚的足印：「天生白額南山虎，牙爪曾當八面風。月落三更穿市過，癡人投曉覓行蹤。」在詩中，圓滿的佛性，被比擬為「天生白額南山虎」。白額是老虎的別稱，虎額頭上的白毛，有如世尊莊嚴的白毫。

這隻將白毛隱蔽於雜色斑紋間的大貓，不是隱居在深山裡，而是出沒在人世間。但是，夜視力極佳的白額侯，並非在光天化日之下，大搖大擺地招搖過街，而是在月落的暗夜中，穿梭於市。「癡人投曉覓行蹤」裡的「癡人」，指的是尚未親證自性的人，在月落的黑暗中，無法識得白額，只能在天亮之際去探尋它的蹤跡，就是跡循文字、概念、思維、分別意識心，來尋覓自性的意思。

其實，我們絕大多數都是「癡人」。然而，不管癡不癡，我們都需要公案書寫，一個能夠穿梭於白日（世間世俗諦）和暗夜（超世間勝義諦）的寫作實踐，用謎般的象徵語言和形式，邀請二十一世紀的世俗、多元文化、不同世代的讀者，一起來尋覓這隻無處不在的隱性白額虎。藉由進入文字禪的世界，引發疑情，進而鬆動自身的慣性認知。這就是公案書寫的目的。這裡，我嘗試用一系列以貓為主題的「小片段」（vignette）的書寫方式，來拼貼一個貓公案書寫的圖像。

要寫喵星人，就先從貓奴們為愛貓命名的這件事開始。

西方人的「小於菟」

在西方人的想像裡，貓是瘋狂的化身，是陰是夜是祕密是虛無。同時，貓也是月亮女神的化身，時時醉薄荷！貓躬身躍入暗夜的孤獨，繾綣於無休止的夢中，釋放深藏於潛意識的能量。

醉死在巴爾的摩街頭的美國詩人愛倫．坡，在他的作品〈黑貓〉（"The Black Cat"）裡，把那隻有靈性卻被酩酊大醉的主人翁吊死的貓取名為「布魯托」，即「陰間之神」的意思。研究瘋狂史的法國哲學大師傅科（Michel Foucault），把他的貓叫作「瘋狂」（Insanity）！他的學生解構主義大師德希達（Jacques Derrida），跟他的老師唱反調，把他的貓取名為「邏格思」（Logos）。先前提到過的卡繆，是一位荒謬主義者，也是一個老菸槍，則管他的貓叫作「香菸」（Cigarette）。最後，將目光轉向存在本身的存在主義哲學家沙特，將他的一隻貓命名為「虛無」（Nothingness）。

貓，做為人類「理性之夢」或「存在隱喻」，全然地體現在這些貓名上。然而，在此命名遊戲當中，西方對語言的解構，似乎來到了一個語言和概念的邊界：繼沙特這隻叫作「虛無」的貓，下一隻貓該如何命名？或者說，繼「虛無」之後，人類的命名遊戲將如何進行下去，如果命名是人類表達認知與理解世界和存在的方式？

禪宗轉向和公案書寫

西方解構主義到最後，來到了語言和言說的邊緣，只能轉向禪宗，才能為當前的世界危機，繼續堅持和活化它解構的功能。禪宗的解構，不僅是策略性的，而且具有究竟解脫的面向。我們可能猛然醒悟到，在某個專注又不經心的時刻，不知不覺地「掉入空心花盆裡」。從禪的角度來說，那個虛無或空，我們可以把它叫作「花盆」、「浴巾」、「泳衣」或「月亮」！空是鬆動同一性的利器，不執著於名稱和概念，無盡的多元、差異性和創造活力由此空性而出。面對不確定的未來，我們需要的正是禪宗「空中妙有」的智慧。

不執著語言和事物的同一性，說比做容易。絕大多數的我們，很少能夠從文字的束縛裡解放出來，直達圓滿究竟的彼岸。由於受到層層不同文化與教育慣性思維的局限，讓我們不得不先去經歷一個「投曉覓行蹤」的過程。其實，無論是回憶、想像、羞恥、醜陋、孤獨、死亡、歷史，或者閱讀、寫作和其他活動，這些都在提昇我們對生命和他者更深刻的理解。

禪宗如果要在千禧世代，以及Z時代的快速嬗遞下與年輕人產生共鳴，我們需要去直面沉澱在我們情緒地質層裡的諸多「麻煩元素」，我們不能逃避，也無法逃避。最終，我們會了解到，那個空明圓滿的自性，一直在我們身邊，如同陪伴在我們身旁的小於菟。

當心貓奴

被公認為「垮掉派之父」的美國詩人王紅公（Kenneth Rexroth），曾寫詩〈貓〉（“Cat”）來警告我們：當心愛貓人士！

太多詩

關乎貓。小心貓
愛人，他們會將深藏在生命某處的
失望不安，盡可能地
讓它如影隨形地跟著你

這位曾經旅居日本並參禪學佛的詩人，告誡我們，愛貓之人，會將深藏於內心深處的不安，像愛人般，讓它如鬼魅般如影隨形地縈繞著我們，逼著我們不得不去與生命裡的瘋狂、顛倒夢想和虛無相視，到我們把生命參透為止。

柴郡貓公案

一天下午，愛麗絲坐在河畔上，看著姊姊讀一本既沒有圖畫也沒有對話的書。感到無趣至極的她，看到一隻兔子，就奮不顧身地跟隨牠鑽進兔子洞，跳進一個深井裡，逃離這個無聊時刻。「掉啊！掉啊！掉啊！」在往下掉的過程裡，愛麗絲的意識開始變得迷迷糊糊，奇奇怪怪的想法泉湧而出。她先想到貓咪黛娜，想到貓吃蝙蝠還是蝙蝠吃貓。然後，文學裡最有名的一隻叫作「柴郡貓」的銜蟬（貓的別稱）出現了。

柴郡貓對地表上的「狗觀點」頗不以為然，鄭重地告訴小愛麗絲：搖尾巴不是高興，而是生氣；喉嚨發出來聲音不是咕嚕聲，而是咆哮聲！如果地表屬於狗，那麼地表以下就是貓的疆域。在這個深不可測的潛意識之井裡，一切事物、認知和價值，甚至物理現象和規定成俗的語言，都與地表上的世界相反。這隻「尼采貓」，告訴愛麗絲：「你瘋了！我瘋了！我們都瘋了！」柴郡貓似乎要愛麗絲：Wake up！

哪一邊的世界才是顛倒妄想？搞迷糊的小女孩，開始對地表上的世界產生疑情：「『我究竟是誰？』，這真是個大難題！」這時，柴郡貓的尾巴開始消失，身體消失，臉龐消失，只留下一抹月彎笑容。

這是「柴郡貓公案」：沒有臉的微笑是什麼？

德希達的邏格思

一天，剛洗完澡的德希達，光著身子，發現他的一隻母貓邏格思，正一動不動地盯著他瞧。被動物注視著赤裸的身體，德希達本能地抓起浴巾把身體遮起來。他描述當時的感受：「當我被動物沉默的目光注視，比如說，一隻貓盯著自己裸體看的時候，我難以（是的，這是個『麻煩時刻』）去克服我的窘迫。為什麼會有這種麻煩厭惡的感覺？」

為什麼一位男性哲學家，會對這樣的一個日常生活情境感到羞恥不安？是動物沉默的目光令他感到羞恥不安？還是被貓盯著自己裸體的這件事令他感到羞恥不安？抑或是意識到，自己居然為一隻貓注視自己的裸體感到羞恥的這件事再度感到羞恥？無論是哪一個，邏格思激發了德希達在哲學意義上的「疑情」。

所謂的「疑情」，就是當我們對自己的身分，或日常熟悉、認為理所當然的事物，開始產生一種不安和不確定性，並且一定要知道「是什麼」的強烈情緒，並身心全部投入、忘我地沉浸在這個疑情裡。這樣的疑情，對禪修者或哲學家來說，都是至關重要的。因為疑情是突破慣性思維、產生新創見的必要條件。

對德希達來說，自我身分的質疑有一個雙重面向，因為在法語中，je suis 有著雙重「我是」和「我跟隨」之意。所以在法語裡，探問「我是誰？」就是在探詢「我在跟隨誰？」。這是德希達的公案。德希達的這個「跟隨貓」的探問旅程中，有如愛麗絲的地底之旅，是一條迷宮般的道路。德希達的狸奴，把他帶入一個疑情，去反思整個西方傳統形上學。

在解構西方傳統哲學裡的人類中心主義和物種同一性思維（如「貓」這個概念和分類，忽視貓與貓之間的差異性，因為沒有一隻貓是一樣的），德希達得到兩個結論：首先，他不知道站在他面前考察他的這隻貓到底是什麼，但是，他可以肯定地說，這是一個獨一無二的「他者」。這個他者存在的獨特性，抵制了任何物種中心主義，甚至是生物學上「物種」的概念，以及其他任何僵著固化的身分和分類學概念。這不正是《金剛經》中的「眾生眾生者，如來說非眾生，是名眾生」？

第二，在動物他者的面前，德希達無法確定他的身分。這是一個「蘇格拉底時刻」：一個真正的哲學家，藉由不斷地追問、反思，最終謙虛地承認自己的無知。公案修行裡也非常強調「不知」的重要性。譬如，地藏禪師就非常讚歎這個「不知」的時刻，提出「不知最親切」的說法。禪宗的「不知」，不僅是解脫的前提，它也具有社會批判的面向：拒絕知識的霸權和同一性原則。

由此看來，還有什麼時代比我們現今的知識人工智化時代（如ChatGPT），更需要解構主義和禪宗的棒喝？

德希達的邏格思，成功地將哲學家投擲到知識舒適圈的外部。邏格思的注視，讓他挖掘深埋在情緒地質層裡的「麻煩元素」，如羞恥和不安。但，這些「麻煩元素」，像希臘神話裡的那隻不斷騷擾小母牛愛歐（Io）、讓她一刻不得安寧的牛虻，最終驅使她來到解脫的彼岸。羞恥、窘迫和不安，驅策我們朝往空的道路上。也許，我們一開始不了解，也無法去欣賞事物的明澄空性，但最終會意識到，無論我們在哪一個階段，空始終在那裡。

Minou 狸奴

一天，兩個同窗跑到密西根州的森林裡露營，三更半夜一隻小獸突然慌張地鑽進帳篷，竄入其中一位的睡袋裡，在她胸前瑟瑟發抖著，彷彿剛經歷了一場生死劫難。不忍將之丟下，Minou 就這樣從北方被帶回紐澤西。結果房東不許養，同窗忍痛將六個月大的幼貓託付於我。

Minou 這個名字為法文，是「貓咪」的意思，它的發音，竟與貓的古代名字「狸奴」如此相近！陸游用珍貴的鹽換來小於菟的「時時醉薄荷」，而我用友誼換來小銜蟬的「夜夜占氍毹」。

這隻來自森林的小狸狌，早已忘了牠是誰！如美國女詩人艾米莉・狄更森（Emily Dickinson）在〈搖尾巴的小狗〉（"A little Dog that wags his tail"）告訴我們，貓在「她的戰神節裡遺忘了老鼠」。貓在人類社會裡演化，從捕鼠護穀的工具貓，逐漸演變成寵物、孩子、同伴動物。捉老鼠成了習慣成俗的傳統。所以，對都市貓而言，吃老鼠這件事，早已退居成貓族的神話傳說，一看到老鼠就會衝過去抓住的衝動，也成了「只是傳統」！

被視為現代派詩人先驅的狄更森，在寫詩時，常置格律、語法不顧，因而導致詩作常遭出版商的修理，把詩改回文法正確、符合格律的假詩。她所說的「貓捉老鼠只是傳統」的這件事，我們可以把它當成對中產階級厭倦無聊（ennui）生命的批判，猶如吃飽沒事做的家貓捉老鼠般。與此同時，「只是傳統」固化我們的存在感和認同。此般「只是傳統」的文化歷史傳承，沒有更勝於藍、繼往開來的動力和創新，以及嘗試錯誤和受到批判的勇氣，我們將如何去面對當前詭譎多變的環境挑戰？

再說，傳統是什麼？所謂的「傳統」，也不過是古人的現代性。古代世界並非靜態。與我們的世界一樣，他們也處於不斷變動的歷史運動中，在新舊替換間，尋找出最適合他們的秩序。這個秩序就慢慢沉澱成為「傳統」。而我們這一代所產生的新秩序，也將成為後代的傳統。那麼，我們要給後代什麼文化和精神遺緒？在「人類世」的諸多災難下，我們這一代應該如何重新審視缺乏歷史意識和批判性的前現代的精神話語？

這幾年我開始聽說貓一看到耗子就嚇跑，或者把牠們當麻吉，不是抱著舔，就是一起玩耍睡覺的事情。如果這不是一個城市傳說的話，我們是否可以這樣策略性地理解都市貓和老鼠的新關係，用來做為思考「生物適應」的借鏡？那就是：當外境改變的時候，貓族把留在血液中的古老「傳統」拋開，改變掠食者的本能習性，演化出新的貓鼠共存關係。百年後，此貓鼠關係可能就會為貓的傳統重新改寫。同樣地，天人關係亦復如是。

貓／媽媽經

雖然德希達的「麻煩時刻」，讓他開始「跟隨貓」，思考他者的倫理問題。這裡，我想從一個生物性和性別的角度，來談一下他的貓對他的裸體注視這件事。一來，邏格思盯著他看，很有可能跟吃有關，尤其是負責哺育的母貓，通常比公貓花更多的時間討飯吃。

Hanna 就是一個很好的例子。有一年，我搬到曼哈頓島旁的一個小得不得了的羅斯福島，我當時的室友 Anne 有兩隻貓，一公一母。Hanna 是隻母黑貓，總是一副呷未飽的樣子，整天碎念地追著我們倆討飯吃。每天清晨我還像愛麗絲一樣，在深井裡望著柴郡貓的空笑，Hanna 的碎碎念，總是會把我拉回到所謂的「真實世界」的意識層面。慢慢張開眼睛，看到的不再是柴郡貓的微笑，而是 Hanna 那雙專一注視的凝眸，以及那快要滴到我臉頰上的口水！

二來，家貓多半是近視眼，頂多只能看清面前幾十公分到幾公尺的物體。就算牠能夠在霧茫茫的浴室裡清楚地看到德希達的身體，別忘了，做為捕食者，貓眼只擅長捕捉動態的物體，非靜態之物。從貓的角度來說，德希達的裸體對家貓而言，可能只是一團模糊不清的、無意義的物體。這並不是說，貓沒有某種程度的忖度、意義建構的可能性。不過，話說回來，貓（或任何一個眾生）的差異性或獨特性，為什麼要建立在人的定義上，如他們有沒有凝視、回應，甚至是笑的能力？

母貓總是一副吃不飽的這件事，也讓我聯想到那位一直處於飢餓狀態的女性，以及被我們佛教徒拿來當作想像餓鬼道的代罪羊人物：目連的母親。我們可以看到，生理結構、社會文化、歷史神話是如何互滲互透，構成我們所認識的世間、六道裡對宇宙眾生他者的想像，是這麼地以人類和男性視角為中心，然後以集體口傳、記憶和想像的方式，一代一代地重訴、溫習、固化這些知識。這就是為什麼我們需要解構的哲學和禪宗的棒喝，來打破人類文明內部的這個「只是傳統」的牢固循環。

不與萬法為侶的小狸奴

Minou 有個祕密。小的時候，每當看到我的一個黑帆布袋，一瞬間就頓入「醉薄荷」的狀態。我知道貓無法抗拒線類的東西。但很明顯地，牠對此布袋有某種特殊的情感。已是成貓的牠，每當牠不知道從哪個衣櫃裡拖出這帆布袋時，就會開始發出一種微弱囝仔般的哭嚎聲，著了魔似地不斷舔著布袋上的繩子。進入恍神狀態的牠，訴說著與平日完全不同的故事。此時的小狸奴，突然掉入了另一個世界裡。

這是一個神祕片刻，Minou 不對他者敞開。這時的「我」，頓時成了遙遠和孤獨的代名詞：這個自小看牠長大，自認為是牠最親密的人，此時成為一個絕對的「他者」。「親人」，原來是這麼地一個人類自以為是的想像。我引以為傲的「貓媽媽」身分，成了一廂情願的證據。阿根廷作家波赫士（Jorge Luis Borges）在〈致貓〉（"To a Cat"）一詩這樣排序貓、遙遠、孤獨和祕密四者之間的關係。關於貓的遙不可及，他寫道，「是一種孤獨，一種祕密。」是的，貓的遙遠，是個永恆的祕密，但是否為「孤獨」，我不確定。

聖特蕾莎

Minou 的瘋狂時刻，讓我想起十七世紀義大利雕刻家貝尼尼（Gian Lorenzo Bernini）的《聖特蕾莎的狂喜》（*Ecstasy of Saint Teresa*）。聖特蕾莎（Teresa of Ávila）那張沉浸在狂喜的臉，在我看來，講述的是一種巨大的另類意識經驗。這種經驗，多半發生在冥想或睡眠中。一股強大的宇宙能量，突然沁透全身，感覺像是被「雷電」擊中一樣。受到此般如電流能量的衝擊，面容和身體不得不呈現痙攣、扭曲的狀態，有時候，甚至身體會出現向上飄浮的感覺。這樣的經驗是千變萬化的。

其實，這樣的經驗，並非專屬基督教神祕主義。禪期當中，有些人會出現類似體驗。但這樣的經驗，不是開悟，充其量，只能說是一種修行經驗。而這樣的體驗足以讓我們了解到日常生活的二元分別意識是多麼地狹隘、貧乏無活力。真的是「拖著死屍」！

有了此類來自深層意識的經驗，我們就不會再過於執著理性思維主導的人生，就像天生本就是狩獵者的 Minou 一樣，一旦回到野地，就再也不願意被囚禁在人類的公寓房子裡了。人類也是如此，人類的野性活力一旦復甦，文明也就有救了。人類文明一旦有救，動物和地球也就有救了。此外，一旦我們有了深層意識的經驗，我們就不會再終日汲汲營營地為這個「小我」的意識服務。我們若時常進入深層意識，就能夠逐漸將覺知和小我脫鉤。時時練習將覺知和小我鬆綁，就好像定期梳開 Minou 那每過一陣子就糾結成團的毛，恢復它原有蓬鬆、輕盈、有彈性的樣態！

這是禪式心理和生態健康。

飛逝的帝王蝶

從維吉尼亞州回到大紐約地區，我打消了讓牠重操家貓的念頭。我求師父和師母收養這隻小狸奴。有求必應的師父，也是愛貓人士。他的家，簡直是動物的五星級飯店。後院養著鯉魚和各式各樣的在地植物。蜂鳥、帝王斑蝶、松鼠、花栗鼠、浣熊、白尾鹿，甚至是野火雞和紅狐狸，都是常客。野鹿經常攜家帶眷地來野餐，狐狸通常不多逗留，把師母給牠的生雞蛋帶回狐狸洞裡給小狐狸吃。師母是職業園丁，也是標準的愛心媽媽，常常把社區裡的貓撿回來養。每天晚上睡覺前，她會站在門口對著後院望，把貓一隻隻喊回家。連別家的貓，甚至浣熊，都曾魚目混珠地混進去過！

Minou 最後的幾年在師父、師母那裡度過。那些年裡，我只見過牠幾次。我從不知道牠生病的事，也沒見到最後一面，甚至牠走了我都不知道。幾乎沒有生過病的牠，在最後一年，得了喉癌，嘴巴開始長腫瘤，進食愈來愈困難。在一個陽光燦爛的午後，獸醫來到家中。在後院一角種滿馬利筋的地方，Minou 靜靜地躺在嬰兒車裡。那天，小狸奴隨著瀕絕的帝王蝶一同飛逝。

這一切師父都沒告訴我。在禪期間，我突然夢到 Minou，栩栩如生地站在遠方，優雅如昔地凝視著。清晰的影像凍結許久才漸漸消逝。禪五結束跟著師父在廚房收拾東西時，我問他 Minou 的近況。「怎麼突然問到牠？」他沒有抬頭，繼續有條不紊地把所有的調味料一個個放入收納盒裡。「我夢到牠了。」我回答。師父才停下手來，看著我，沉靜地說：「Minou 一、兩個星期前走了。對不起，我沒有告訴你這件事，因為我不希望這件事影響你在禪期間的修行。」當下突來的一片巨大蟬聲，如巨浪般淹沒了我們。

對師父來說，世界上沒有什麼事情比修行來得更重要。南泉禪師為了讓他的弟子參破生死，都還斬貓！早年參〈南泉斬貓〉，在一對一小參時，我爬進小參室，哭著跟師父說，我就是那隻貓，被殺死了。那時，師父聽了，不顧我在那邊要死要活地哭訴，欣喜地說：「很好！」然後接著問：「貓到哪裡去了？」

月亮

師父能理解的。他最心愛的貓的離世，也與禪期有關。一生養過無數隻流浪貓，跟隨師父最久的一隻叫作 Moon。Moon 是一隻挪威森林長毛貓（Skogkatt，是一種巨型的「森林之貓」，溫順著名），是師父在西雅圖的華盛頓大學念研究所時，鄰居的一隻貓在街上溜達時，腳後跟不小心跟回來的一隻幼貓。後來，Moon 跟著他們搬到紐澤西。師父跟 Moon 幾乎形影不離。每當師父把腿盤起來，牠就會爬到師父的腿上，然後一股腦地坐在上面，陪師父一起打坐。

Moon 是在禪期間走的。記得那一年，我們還在師父家打禪五。第三天的晚上，我們例行在師父家門口前的馬路上經行。年邁的 Moon 在昏暗的對街上，緩慢吃力地跟著我們。經行到一半，師父突然逕自離開。之後，師父一直沒有出現，直到禪期結束。原來，一輛轎車駛過的風，不小心把 Moon 吹倒，送入加護病房。

Moon 一生陪伴師父，當牠走向此生盡頭時，師父一直寸步不離地守在牠身邊，一隻叫作「月亮」的貓。

當代狸奴參！

❶ —— Elizabeth Bishop et al. *Cat Poems*. Profile Books Ltd, London, 2018.

消弭暴力的公案藥方

〈南泉斬貓〉

前幾天，我讀到龍緣之寄來她最新完成的一本動保紀實的書《尋找動物烏托邦》。龍緣之是臺灣一位非常活躍的動保人士。當我讀到她跑到北歐去做皮草養殖場的田調，真是替她捏把冷汗。書中提到，籠中水貂的反覆刻板動作，以及動物被剝皮之後，還會回頭看著自己血淋淋的身軀等，人類對非人動物生命的冷漠和殘酷，讓我顫慄不已。同時，我也在想，這些行「動物菩薩道」的行動家們所經歷過的心路歷程，絕非我們所能想像得到的。

〈南泉斬貓〉與動物暴力

書中的動物暴力主題，讓我想到之前在網上的《中外文學》部落格發表的一篇文章〈南泉斬貓的生態啟示：瘟疫下的模仿暴力和禪宗非二元理性的藥方〉。在文中，我提到《無門關》中〈南泉斬貓〉這則公案：「南泉和尚，因東、西堂爭貓兒，泉乃提起云：『大眾道得即救。道不得即斬卻也。』眾無對，泉遂斬之。晚趙州外歸，泉舉似州，州乃脫履，安頭上而出。泉云：『子若在即救得貓兒。』」

故事大意是這樣：兩派僧人為一隻貓起爭執。南泉禪師見狀，將貓高舉，說：「當中若有誰可以說出一句見性的話，我就放過這隻貓。」當場無人回應，南泉只好把貓殺了。爾後趙州禪師回來，南泉向他陳述事件發生的經過。趙州聽完，二話不說，將鞋脫下，安放在頭上，然後走出房間。南泉於是感嘆道：「如果當時你在那裡，貓就不會死了。」

此公案的真實性，我們不得而知。然而，在此淺戲中，我們看到了天天都在上演、再也熟悉不過的劇情。一幫人看到另一幫人有貓，就想搶過來占為己有。這隻無辜的貓，不幸地成為人類欲望追逐的對象和最終必須被犧牲掉的代罪羊。〈南泉斬貓〉活生生地演繹出法國人類學家雷內・吉拉德的「模仿三角競爭」和代罪羊機制理論。❶

眼看這群尚不精進的弟子們把貓當成玩具或「欲望客體」。南泉禪師斬貓的舉動，除了平息此荒唐的戲碼外，另有其用意，那就是，消除主客體對立的顛倒夢想，藉機將此事件翻轉成為一個轉識成智、認識本我的般若契機。可說用意至深。

當然，困在淺戲裡的人，無法從中跳脫出來，去經驗深戲裡的密意。舉例來說，當代西方愛貓或動保人士，在參「斬貓」公案時，多半卡在「斬」貓這一關，為貓的無辜犧牲感到憤怒。因此有的離開僧團，不再參禪，甚至覺得東方的禪修，只求自身的解脫，缺乏動物關懷。他們無法理解南泉為什麼非得斬貓？佛教的基本教義不是強調慈悲、不殺生嗎？

比較保守的禪師，容易將這些西方人的質疑，視為對佛教的輕蔑和修行道上的偏離。我則會說，他們其實陷入了公案所設下的陷阱，也就是文字障。記不記得蘇東坡與佛印的一段軼事？他的「八風吹不動」被佛印一句話就打過江了！障蔽我們開悟的文字障，無所不在。

然而，從行動家的角度來說，不管虛構或真實，斬貓觸及到動物暴力的主題，我無法無視它的存在。試想，假設受暴的對象不是動物，而是我們自己，或者我們的至親，我們還能夠八風不動地深戲深遊嗎？

這裡，愛貓人士給我們上了寶貴的一課。

當然，從禪宗的角度，我們也可這樣辯護：公案修行旨在明心見性。公案文本裡的戲劇性張力，激發參禪者的巨大疑情，逼迫直面當下本心。淺戲的世界顛倒夢想，非真，不可執著亦不得效尤。但淺戲的設施，正是衝著明心見性而來的。可以說，深戲是建立在淺戲之上的。

深、淺戲之間的緊張關係，不僅是公案此文類獨到之處，同時，我們也可以看到，「斬貓」主題把我們重新帶回到現代性的問題。更具體地說，就是：當代禪宗公案修行，如何調和傳統和現代之間的價值衝突？

斬貓主題的爭議性，恰好凸顯出此公案的現代性。西方對「斬貓」公案的批判與當代動保意識的興起有絕對的關係。因此，如何調節世間與出世間之間的鴻溝，尤其是在當今物種滅絕的時代下？若將公案裡的動物暴力，放在物種的層級上來審視，斬貓公案無疑地就是當今人人必參的公案。

雙重視野的重要性

其實，絕大多數的人都深陷淺戲中而不自知，無法進入深戲去體悟後半段的「趙州脫履安頭而出」。讓我們暫且撇開深戲，不管趙州賣什麼關子，就整個斬貓敘事情節的發展來說，趙州脫履安頭之舉來得太晚。悲劇已經鑄成。然而，就從事件的發生順序來說，正是因為有斬貓事件的發生，才有趙州的脫履安頭。所以可以說，沒有斬貓就沒有後續的脫履安頭。擴而言之，人世間的顛倒妄想，皆是深戲的前提。萬事萬物無非不是開悟的道具。不離世間覺。

但話說回來，淺戲只是為深戲鋪陳的背景或前提嗎？

當然不是，一個圓融的視野，就是開發淺戲和深戲雙重觀戲的能力。像是戴著一副雙焦的望遠鏡，深戲的距焦為我們指出彼岸、超越語言文字的解脫面向，淺戲的距焦則讓我們看到此岸裡的諸苦與道德難題。兩個焦點若只取其一，忽視另一個，那麼，就會導致災難性的後果。

最後，一個沒有思維、批判能力的修行者，容易盲目服從權威，恐淪為極權、軍國、帝國主義的幫凶。可以做如是觀，禪宗的美學化，讓西方資本主義更趁虛而入，將禪修原本的宗教、文化和歷史脈絡剔除，將明心見性的禪，降級成為訓練專注力和減壓的精神技術。當今商業化的西方正念修行就是一個很好的例子。

正視生態創傷

當動保人士在禪修時碰到關卡或陷在淺戲裡時，容易開始對公案內容的合理性產生質疑。這時，傳統的教學拒絕以寬容的心態去同理背後的情緒來源。比如說，這些動物維權人士，可能在從事動保運動時，因為不斷重複見證人類對動物的暴力，而導致心靈嚴重受創。這時，斬貓公案極可能再度引發他們的焦慮或憤怒。

我在參「斬貓」時，也有過類似動保人士的情緒反應。小參內容不便多談，但可以說的是，情緒是我們的老師，如果以入定的方式去「昇華」它，就會失去認識自己與「我／它」深層關係的機會。過程當中，我曾感受到一種全然說不出的哀傷和無力感。

我相信，絕大多數的人都有哀悼動物的惻隱之心。然而，當前人類至上的消費文化，無法為我們提供任何的語言或儀式，來幫助我們表達內在不可說的生態哀傷。在當前這齣消費娛樂動物的淺戲裡，我們看不到動物苦難的劇情。因而，當我們一旦看到對動物的施暴時，不管是血腥或冷暴力，就會產生一種無以名狀的生態情緒。此為生態創傷。

生態創傷裡的哀傷情緒，在人類中心的視角下，不是被當成濫情、婦人之仁，就是被視為非理性的瘋狂行為，如在臺灣被冠上

「愛心媽媽」美名的女性流浪動物照顧者的行徑，往往得不到社會大眾的同情。所以，現在的問題是，當前的社會愈是不允許我們為動物哀悼（毛小孩除外），生態哀傷就愈易成為內心無法抹滅的陰影。

一個社會若無法真誠地面對生態哀傷，那麼，它就會成為無法觸碰的黑洞。人類集體地否認內心的生態創傷的事實，就容易將生態議題變成一個避而不談的禁忌。「氣候否認」一詞，講的正是我們當前所遇到的集體、不可說的生態創傷。這樣的創傷的症狀是知行不合一，也就是我們都知道氣候變遷的事實，卻過著彷彿氣候變遷不存在的生活。所以，若不面對我們的創傷生態，就不可能真誠地面對傷痕累累的地球，發菩提心去度苦厄。

一個社會若沒有集體語言、文字或儀式來表達生態哀傷，這裡的漠視、不可說，就會變成一種來自深層潛意識的去政治化。

脫履安頭的密意

禪宗修行常被誤以為是一種非政治的行為，這是因為我們對政治的定義和想像太狹隘，就好像我們習慣性地認為環保是環境行動家和科學家的事，與我們無關，禪修解脫是出家人的事，世俗的正念修行的目的在紓壓和養生。

這裡我來做一個深戲淺遊的政治書寫，將趙州禪師把鞋放在頭上的舉動，解讀為一個深刻的微政治行為。

首先，趙州的「脫履安頭而出」所代表的象徵意義是出離：出離淺戲。這裡的出離，指的是轉變意識，即轉識成智：從淺層轉變到深層意識，或者說，從 stásis 過渡到 ekstasis。此為淺戲轉深戲的神話時刻。

古希臘語 stásis（στάσις）為「停頓」意，即頓滯的精神狀態，而 ekstasis（ἔκστασις）為「移開」、「取代」意，即「處於自身之外或轉移到別處」之意。eks（ἐκ）為「出去」、「在外面」意。所以，從 stásis 過渡到 ekstasis，就是從一個精神停滯、無活力的狀態中出離，來到一個「處於自身之外」的意識狀態。

英文的 ecstasy（狂喜或喜悅）這個字，指的正是出離自我中心意識後的感受。在禪修裡，我們可以把它視為一種禪定經驗。雖然不是開悟見性，但，此深層意識經驗，為佛教反暴力的精神基礎。因為，在此深層意識中，我與外境的關係不再是「我／他」個體對個體的形式。這種與外境的對立隔離感消失，能夠讓我們了解到，以二分個體對個體的經驗世界方式，事實上是一種表象的幻覺，實為淺戲意識裡的慣常虛設。

南泉禪師突如其來的「殺貓」之舉，就是要促發這個能夠令人意識轉移的 ekstasis 經驗，逼迫弟子不以理性思維的方式來回應南泉的禪問，脫離此慣性假設，進而引發開悟經驗。可惜，這些沒有好好修行、未開悟的弟子們無法突破自我封閉的二元意識，頓悟到當下的物我兩空的實相。

還有什麼比跳脫出日常「我／他」的二元慣性意識、比看到實相，還更具有改變世界和文明的潛力！

脫履安頭到底是什麼意思？

禪宗微政治

公案修行真的只顧個人生死解脫、缺乏他者關懷的慈悲精神嗎？如果不是的話，禪宗修行如何回應暴力？它反暴力的精神基礎是什麼？

此為關鍵問題。因為多數人對禪修的認知，只停留在個人解脫的理解上，沒有看到禪修對建設人間淨土或我稱之為的「佛法世」的貢獻。西方佛教行動家甚至認為打坐是自了漢或浪費時間的行為，還不如花時間到街頭上去抗議，或者寫信給政治家要求他們馬上通過法案來保護地球。

這些來自西方佛教內部的批判聲音，如果是針對當今盛行的商業正念練習，我就會同意他們的控訴。因為將禪修膚淺化地當成調呼吸的紓壓工具，或等同於腦神經科技可以測量的禪定境界，這樣地為中產階級服務的禪修冥想，與社會改革和明心見性無關。

修行的目的在見性。別忘了，盤坐在菩提樹下的佛陀，悟道後所教導的是苦、集、滅、道的四聖諦。佛陀成立共修的社群，藉由集體的力量，來轉化內心的「貪、瞋、癡、慢、疑」毒物意識。

集體轉化毒物意識的轉化，也是社會斷除暴力循環的藥方。因而，要建設慈悲的社會，就必須倡導非商業化、強調轉識成智、明心見性的修行，如公案和話頭禪。可以說，二十世紀人間生態淨土的建設上，公案修行不能缺席。

歡愉的修行

最末，順帶提一下法喜的重要性。任何的精神修練若未能帶來深層精神上的法喜輕安，人們可能就會不當地轉向毒品或酒精的使用，以逃離令人窒息、發狂失控的二元思維迴圈。原因是法喜，包括上述的狂喜經驗，觸碰到生命活力的泉源。因此，倡導「歡愉的修行」，如尼采的「歡愉的哲學」（the gay science），是有必要的。

然而，不幸的是，這樣的「歡愉的修行」往往被理性主義者貼上神祕主義的標籤。在當今科技人類世下，如果我們未能認知到此類狂喜（ekstatic）或法喜的宗教經驗的重要性，人類文明的下場將是悲劇。我們只能鎖固在狹隘的淺層意識裡，阻止建立格式塔（gestalt）意識發生的可能性。❷如果人類文明剝奪我們「不二」的圓滿空性經驗，無法進行意識的轉化，開發與他者深層連結的能力，換來的下場將是更多的苦難和暴力。

❶——「模仿三角」競爭這個概念，由法國比較文學家和人類學家雷內．吉拉德提出。在研究古代儀式、神話和文學時，他觀察到一種無處不在的社會心理現象，即模仿競爭和代罪羊機制。他以「模仿三角」一詞來解釋此現象。概括地說，模仿競爭指的是一種三角競爭結構，由三個要素組成：模仿主體、模仿典範和此兩者共同欲求的對象。就像兩個小孩在一堆玩具裡玩耍，小明不要其他的玩具，只想要小華手中擁有的玩具，因而導致競爭。參見張嘉如，〈南泉斬貓的生態啟示：瘟疫下的模仿暴力和禪宗非二元理性的藥方〉，《中外文學》，二〇二二年六月三日。

❷——格式塔，為德文"Gestalt"的音譯，為「形式」、「形狀」意。在心理學中，格式塔是「完形」的意思，即具有不同部分分離特性的有機整體，主張考察一件事的時候，應從整體出發，以便理解部分。

看見動物、看見活力

〈百丈野狐〉

在西方人的想像裡，生命活力往往與動物、動物性和野性連結在一起。活力與動物性幾乎是同義詞。這一點可從美國自然作家亨利・大衛・梭羅（Henry David Thoreau）的《湖濱散記》（*Walden*）中看出。在〈更高的法則〉一章裡，梭羅描寫自己的動物本能的甦醒。一天，在回家的路上遇見一隻土撥鼠時，他突然萌生一個使他顫慄的「野性快感」。他想把土撥鼠捉起來，將牠活剝生吞。這樣的衝動，讓他感到一股生命活力的甦醒。

梭羅坦承內心有著兩種截然不同的本能：一種是追求精神生活的本能，而另一種則是朝往原始動物性的本能。處於這樣的佛洛伊德式的意識分裂狀態中，梭羅如何調節？

對他而言，與其去壓抑原始的動物本能，解決之道是棄絕人類文明，堅守前文明的自然狀態。選擇遠離文明生活、離群索居，梭羅「更願意像動物一樣過日子」。在野性與文明、世間與出世間的辯證裡，梭羅的結論是：我們可以健康，但不要純粹。不堅持「純粹」的想像，才是人類健康的狀態。這樣文明才能容納百川，與萬物共存。所以，他寧願做一個健康而不純粹的生態人，也不要做一個純粹卻病態的文明人。

我們從未純粹過

追求純粹這件事實為人類的執著和幻想。翻轉法國人類學家拉圖爾（Bruno Latour）的「我們從未現代過」這句話：我們從未純粹過。試想，人體內居住著多少的細菌和其他微生物，以及儲存累世業力種子！可以說，我們的身體是一個多物種社群，而我們深層意識是一個無始劫的六道業力種子倉庫。我們身體和意識不正是個雜七雜八的多物種混合體！

如果把梭羅的精神和動物兩種本能加以考察，便能夠發現，他們其實是一體兩面，只是側重的面向不同罷了。接下來，我以字源學來解釋。

動物一詞的英文是 animal。從字源學的角度來看，animal 原指活著、活力，因為 animal 這個字來自拉丁文的 animālis，為「活著」（living）或「有活力」（animate）之意。Animālis 這個拉丁字又是由 anima 和 alis 組成，因而又有靈魂或生命之生長的意涵。此外，anima 除了是靈魂和生命的意思之外，尚有呼吸、空氣等意。若從禪宗的角度來說，我們可以做一個跨文化的詮釋，將「動物／animal」這個概念延伸出一個禪宗的活力說，從空中生長出來的不正是空中妙有？

不管這樣的跨文化詮釋是否能夠被接受，起碼從這裡的字源來看，動物性與精神性這兩種本能並非對立，他們是具有親緣性的。

動物譬喻

當人類逐漸進入工業時代，動物性與精神性的親緣性開始決裂。此決裂的目的在深化人類與非人動物之間的距離，有助合理化對非人動物的工具性使用。同時，人類自身特有的將文字語言拿來當作人類獨一無二的證據。

弔詭的是，在我們的語言裡動物隨處可見。可以說，我們與動物之間被壓抑下來的親緣關係是深藏在語言裡的。動物譬喻的使用，恰恰說明了人與動物的連結超越了表象物種差異。動物譬喻，意指以動物做為修辭，來表徵人類的行為、特質和情緒等。例如，當我們說「咬牙切齒」時，這個成語生動地描述了人類的動物行為。從這個角度來說，動物譬喻其實是展現人類與動物的深層連結。

當然，不可諱言地，動物譬喻裡更多的是人類投射到動物身上的偏見、歧視和刻板印象。例如，膽小如鼠、對牛彈琴、狼狽為奸等，這些成語反映出來的，無非是人類對某特定物種的偏見，與真實動物無關。然而，當我們不斷重複使用這些譬喻或成語時，語言裡的動物與真實動物之間的界線就會開始模糊。久而久之，我們就真的以為豬是懶的、黑貓是不吉利的，甚至一聽到「禽獸」一詞，馬上就想到這是罵人的字眼。

在馬達加斯加有一特有種的原猴，叫作指猴（Aye-aye，學名為 Daubentonia madagascariensis），目前已瀕危。指猴瀕危的原因，除了棲息地破壞之外，尚有一個人為的因素。由於指猴出生時長相極為醜陋，當地人便將牠們視為邪惡的象徵，看到時必須將之撲殺。當然，醜陋與否只是人類的定義。因此，這裡的人為因素指的是人類對美醜的定義。由此可見，人類對大自然的想像，是具有極大的殺傷力的。

可以這麼說嗎？——人類的分別心正是暴力的源頭。

這樣的批判方法，在動物研究領域裡相當普遍。所以，讓我覺得更有意思、有創造性的動物批評方法，倒不是去批判人類語言和社會裡對動物的偏見，而是如何扭轉這些慣性偏見。

換句話說，我們應如何重新挖掘和詮釋被壓抑在人類文化裡的動物和生命活力？

想像狐狸

進入〈百丈野狐〉公案之前，我先探討狐狸在人類社會裡意義。首先，狐狸在人類的想像中，為身分妾身未明的動物。牠介於狼和狗，或者說，介於未馴化的荒野和馴化的文明之間。狐狸可以說是一種臨界動物。臨界（liminality），指的是「即非此非彼、即此又彼的之間性狀態」（betwixt and between）❶。游移於荒野和文明之間，但又不完全屬於荒野和文明的狐狸，這樣的身分流動性為它贏得了「詭計者」或「搗蛋鬼」（trickster）的綽號。

它的臨界身分，凸顯出它在人類社會裡扮演的相互矛盾的角色：一是做為人類智慧的精神導師，多半出現在神話或兒童故事文類，如《小王子》裡的狐狸；二是人類文明的破壞者，多半出現在民間傳說，如狐狸精怪。

狐狸的多變、流動和不確定性，對以農業文明為主的漢人來說是危險、具有威脅性的。加上缺乏動物倫的社會禮紀下，神出鬼沒、無法被定義的野生動物很容易被抛擲到道德、法律的想像之外。

漢語裡的狐狸譬喻，也不太友善，反映出來的刻板印象往往是偽善、不值得信任或不真誠，如「滿腹狐疑」、「狐假虎威」等。這些刻板印象也與漢人早期的都市文明發展脫離不離關係。以魏晉和唐朝期間所出現的志怪和傳奇來說，這些前現代的都市傳說或「都市生態誌異」（urban eco-gothic），裡面的野生動物多半是以妖精、鬼魅的形象呈現。

然而，做為「詭計者」，別忘了，狐狸的迷惑性，如果不將它汙名化的話，此迷惑性指涉的，實為意義的多樣、開放和創造性。

我常說公案很狡猾。這是真的。當你以為瞬間抓住了公案的「答案」，但它下一瞬間隨著你的意識的轉變就立即夾著尾巴溜走了。如狐狸般，公案的意義抓不住，它不停地在轉變，千變萬化。

因為我們的意識是無常的，所以不能執著所謂的答案。

〈百丈野狐〉

〈百丈野狐〉公案的前半段是這樣的：每當百丈禪師開示時，總有位長者站在遠方聆聽。一日，百丈禪師詢問他的身分。老人回答，累世前他是這裡的住持，因錯答修行者的問題（開悟的人是否還落入因果，他的回答是：不落因果），於是墮入狐身五百世。老人請百丈禪師給他一個轉語，百丈回答：「開悟之人並非不落因果，而是了知因果。」老人聽後大悟而解脫狐身。

〈百丈野狐〉前半段的故事即圍繞在這位狐狸老人身上。無疑地，〈百丈野狐〉的原型，源出民間傳說裡的人狐變形故事。野狐半人半狐的身分，說明它的臨界性，可以在人道和動物道之間自如轉換。當然，受到儒家洗禮的修行者，往往受到人類中心意識型態的影響，接受公案淺戲裡「解脫狐身」的敘事觀點。

如果我們這樣理解公案，就落入此公案的圈套，非解脫也。此為公案狡猾之處，它先預設了一個荒野與文明的對立，如同文章開頭所提到梭羅的兩種對立的本能。這裡，百丈禪師代表的是人類文明的秩序，而狐狸老人則代表的累世積累下來的非人性的元素。我們必須將這個深層意識裡的累世野性種子轉化，才能解脫。

如果我們真的這樣想的話，所謂的開悟不只是人類一廂情願的想像罷了。因為只要我們還有人道與畜牲道的階級二元思維，就不是開悟。解脫狐身，是一個淺戲層面上的假命題，因為它還是人類的慣性思維的產物。

風流五百生

其實，很少人注意到慧開禪師在公案最末所開示的一句話：

「不落因果，為什墮野狐？不昧因果，為什脫野狐？若向這裡著得一隻眼，便知得，前百丈贏得，風流五百生。」基本上，他明白地告訴我們，如果我們真的能夠跳脫二元思維，那麼，就能夠理解到在百丈之前的那位「說錯話」的前住持狐狸，倒是活脫脫地做了五百世的狐狸！

看見了動物，讓我們現在再回到「看見活力」的主題，以從萬法唯心的角度，將狐狸視為過去世的非人動物種子意識。從這樣的角度來看，此公案要我們去探索這個古老、非理性的動物意識，與這股野性活力銜接。當然，不是像梭羅那樣去生吞活剝土撥鼠。也不是去活魚八吃、吃瀕絕野味，這些在我看來只是口腹之欲的藉口。真正的野性活力的復甦，是覺悟，跳脫二元意識，與這股生命活力銜接。

狡猾如狐狸的公案，我甚至願意說，公案本身就是狐狸這個「詭計者」幻化出來的，不斷迷惑我們，直到我們了解到，狐狸本身不具有任何意義，是空性！我們不斷在那邊輪迴的意識亦復如是。

❶ —— Victor W. Turner, "Betwixt and Between: The Liminal Period in Rites de Passage."From Lessa, William A. & Vogt, Evon Z. *Reader in Comparative Religion*, 4th Ed. Harper, 1979.

以巴危機重省無明、禪定與創造力

〈女子出定〉

二〇二三年十月七日，約旦河西岸的哈瑪斯組織突擊以色列，短短兩個星期內造成雙方約七千人身亡和十幾萬人流離失所。隨著危機持續擴大，世界公民才一開始抗議示威，「正義」旗桿就開始搖擺不決。自從加薩醫院遇炸後，原本同情以色列的民眾，開始同聲譴責以色列「以牙還牙」的報復過於殘忍。以巴衝突也讓我們再度見證到：真正的正義無法存在於外交與國家（際）管理的層面上，也無法從現有的法治中獲得。在國家、國族的暴力面前，「法治」的話語往往是政權掩飾主權擴張或壓制他者的修辭。

身為佛教徒，我們該如何回應這些核心機構產生出來的不公暴力？要抵制強大系統的霸權，「公案」這個關注生命終極解脫的般若文類，可以為我們提供什麼不同的視角？在此，我以〈女子出定〉為例，展示公案文本顛覆權力結構或既定秩序的潛力，此顛覆性提供了一個思考從邊緣出發的創造力和社會改革的另類視角。

危機時刻下的那伽定

首先，我想談談禪修裡普遍的一個出世心態。許多修行者認為，修行人應不過問政治或關心公共議題；世上的紛紛擾擾的政治衝突或社會事件，與個人的生死解脫無關。面對世間的苦難和不公義，禪修者應該保持禪定中的寧靜，有如〈婆子燒庵〉裡閉關修行的自了漢行者對女子所說的「枯木倚寒岩，三冬無暖氣」。

當然，在面對暴力衝突時，保持內心的超然與沉著是至關重要。許多人以為可以迅速冷靜下來，理智地做出決策，但事實並非如此。人類的生物性驅使我們以本能的方式，在沒有認清事件真相的狀況下就立馬衝動地回應，這與我們的「戰鬥或逃跑」防禦機制有關。對不擅長處理複雜、不確定或灰色地帶問題的智人來說，我們很難忍受這些懸置而無法立即解決的問題所帶來的焦慮情緒。因此，人類的反射性回應與解決問題這兩件事，往往被混淆在一起。因此，在面對危機時，需要禪定的工夫來幫助我們穩定情緒，並以般若智慧來尋求解決之道。

這就是此公案修行的核心，如無門禪師在〈女子出定〉公案末尾所說：「業識茫茫，那伽大定！」面對無明業識，尤其整個社會處於茫然的集體極端貪、瞋、癡時刻，如何悲智以對，正是本公案關注的主題。那伽大定又稱為「大無罪定」或「常在定」，也就是行、住、坐、臥都是處於定中，即便是在危機或衝突之際。此「繁興永處那伽定」，正是我們當前所需要的「動中禪」。

當然，說來容易做來難！這需要長年的日常修行基礎。還有，千萬不要忘記，公案不是一般尋常的文類，它非常地狡猾！它要我們參的內涵，跟公案故事本身無關，無法從理性邏輯的角度來理解！

閱讀無法等同參禪，那就讓我暫且把深戲實參的部分放下。這裡，我要探問的是：在危機時刻，像公案這樣的修行文類，如何做為佛教批評研究的方法？首先，所謂的「危機時刻」，其實正是我們親身去考察真實狀況的契機，即考察四聖諦裡的第一諦和第二諦，也就是諸苦的體驗，以及其緣起的探討。例如，當前極端氣候災難事件，幫助我們思考消費主義的生活方式所必須承受的因果。此刻尚在進行的以巴衝突，揭示出加薩走廊過去十五年來做為世界上最大的露天監獄的悲慘現實。這裡要問的是：在現有的政治結構與歷史話語裡，是否有實質意義上的自由、正義和慈悲？如果答案是否定的，那麼，我們能否在法治外創造公平正義？而公案這致力於打破既定認知和規則的文類，又如何幫助我們思考和創造體制外的正義與自由？

以巴衝突和〈女子出定〉公案

以色列人和巴勒斯坦人的衝突根源，可以說，是來自雙方對巴勒斯坦這片土地的故土認同。根據《舊約聖經》，這片被稱為「迦南」的土地（即現在的巴勒斯坦），是上帝在「摩西十誡」中向他們的祖先摩西所允諾的「應許之地」。這種具有神性和歷史性的承諾，加上十九世紀末「錫安主義」的興起，召喚著散居在世界各地的猶太人回到這片「應許之地」定居。然而，這片土地也是大多數信奉伊斯蘭教的巴勒斯坦人的原鄉。無論是以色列人，還是巴勒斯坦人，他們都認為自己是這塊土地的合法擁有者，因而展開長達數百年的領土爭端。

在此，以色列人和巴勒斯坦人對自身的正統合法性，呼應了〈女子出定〉文本中扮演反派的文殊菩薩。

〈女子出定〉為《無門關》第四十二則公案。無門禪師將此公案描述為佛陀導演的一場雜劇。在劇中，文殊菩薩看到一位入定的女子坐在佛的身旁，便酸溜溜地問佛陀，這個女子是從哪裡來的，為何她能夠坐在佛的身旁，而他卻不能。佛說，只要文殊能把此女子從定境中喚醒，可以自己問她。於是，文殊菩薩便繞著這個女子走了三圈、彈了彈指、帶她上了梵天，使盡了所有的法力，都無法使得她出定。於是，世尊對文殊說，即便有千百個文殊也無法讓她出定。但，在地球下方一個非常遙遠的地方，有一個名叫「罔明」的初地小菩薩，卻能夠讓女子出定。佛陀召喚罔明，要他示範給文殊看一下。小菩薩立刻從地上蹦出來，遵從佛陀的指示，走近女子，輕輕彈了彈指，女子於是出定。

傳統的父權思想大多這樣詮釋這個故事：此女子原來是一個賣菜的小販，因生意慘淡，體驗到世間之苦，於是終日精進禪修，禪悅為食。一天，突然有人告訴她菜攤有生意可做，女子一聽，就立刻出定。接下來的伊索寓言式的啟示是這樣的：人（或女子）的無明，能夠瞬間摧毀禪定！罔明小菩薩代表的就是那個讓女子出定的貪念。

如果我們接受這樣的詮釋，就正好落入公案的陷阱！別忘了，公案並非一般說教式的道德寓言。無門禪師也提醒我們，此〈女子出定〉公案可是佛陀親自策畫的一場鬧劇！我們只要細讀文本，就可以看穿此公案的顛覆和解構內涵：扮演反派角色的文殊菩薩，象徵表階級和法治。代表般若智慧的文殊菩薩，理應坐在佛的身旁，而不是一名世俗女子。更令人驚訝的是，有能力使女子出定的，居然不是貴為七佛之師的文殊，而是個名不見經傳的初地小菩薩！這樣的場景是不是有點耳熟？想想神秀和惠能！

回到以巴衝突，以色列人和巴勒斯坦人就好像是公案中的文殊，以自身所隸屬的法治體系，來定義和規範正當性、合法性和正義。

〈女子出定〉讓我們看到此公案文本當中，欲顛覆和挑戰法治的企圖。藉由文殊、女子和罔明這三個人物，我們看到兩個主題：法治與理念（如階級體系與眾生平等）的矛盾不一致，以及體制的失能（如無法將女子帶回到現世）。由此可看成，〈女子出定〉給我們的棒喝是：階級的意識型態和體系無法處理眾生平等的問題，真正的自由、平等、正義的創造，來自體制的外部。

罔明：來自邊緣的無知創造力

如〈百丈野狐〉般，〈女子出定〉也富有象徵意義。這位來自

「下方過一十二億河沙國土」的「罔明」，可以說是文殊的「影子」（此為心理分析大師榮格的術語，指的是人類意識裡被遮蔽、被壓抑、看不見的面向）。既是影子，罔明不也是文殊所代表的般若智慧的一部分？換句話說，象徵無明業識種子的罔明，代表般若智慧的潛在能量，這些潛在能量處於文明網絡之外，如語言、社會制度和歷史，等待著我們將它贖回，將之「轉識成智」。只有在深層意識層面中將此能量轉化，實質的公平、正義和平等才有可能。換另一種方式來說，處於體制邊緣的底層小人物，罔明菩薩的「無知」（罔明為「無知」的意思），可將之詮釋為體系內所需要的「知識的盲點」。罔明做為「知識的缺席或盲點」的代理商，他才具足轉化的能動性，去解決現成知識體系內所無法解決的問題。

換句話說，只有來自權力結構外部的行動家，才具足靈活度，以草根的方式，來解決體系中無法處理的問題。在歷史的業力纏繞、政體間的相互制衡下，沒有任何現有的制度是客觀中立的。社會改革絕對不可能來自現有的既得利益者、核心機構和歷史的遊戲規則。只有當我們放棄對體制內部改革的幻想，轉向邊緣去創造自由正義，真正意義上的自由和正義才可能到來。

不管是正義、自由、直心、慈悲、詩和禪，這些只可能在體制外生長。所以，與其期待任何既定的體系來解決問題，也許我們需要的是一個像「罔明」這樣沒有歷史和體制包袱的小菩薩，從外部來進行「和平工作」（peacemaking）和社群營造。這就是二十一世紀的悲願菩薩行。

勇敢前行之際，我們不僅需要「那伽大定」，我們同時也要了解「茫茫業識，其性本空」實為轉識成智的學程，可以是一個創造和平正義的工作。也許這位「罔明」小菩薩，正是當前危機之際所需要的行動家。不要怕當一個罔明小菩薩！

誰的正義才是正義

〈央掘產難〉

在上一篇〈以巴危機重省無明、禪定與創造力〉裡談到中東危機，以及佛教如何回應暴力的問題。基本上，有三個重點：第一、修行不離苦諦覺。佛教以悲智力看待暴力，而悲智的基礎在於定。第二、由定出發的智慧，給我們一個非二元看問題的視角。第三、一個真正的正義論述，無法存在於現有的體系與歷史遊戲規則裡。

本文中，我進一步反思西方正義思想回應暴力的正當性和有效性。當然，我不是政治學和宗教研究專家。在此，我充當一下罔明小菩薩，從一個邊緣的視角，提出一些不成熟的另類思考方向。

「中東危機」公案

以色列和哈馬斯組織的戰火持續延燒，對加薩走廊的恣意轟炸，已導致死亡人數破萬，其中約四成為孩童。在這樣極端暴力事件裡，絕大多數的人民皆訴諸正義的伸張。我任教的布魯克林學院的學生幾乎每個星期都在校門口示威抗議，呼喊著「解放巴勒斯坦」的口號。同情巴勒斯坦處境的教授，甚至帶領一群學生進入校務理事會會議的現場，當著所有教授的面前，逼迫校長道歉和下台。此事件的發生其來有自。日前，一位紐約市猶太裔女議員來到學生抗議現場，秀出她腰間挾帶的手槍，這個事件後來被炒作為校長的失職與校方對猶太人的偏袒。近日在各大校園裡上演的戲碼，可以說是當前中東危機在西方學院和社會下產生的漣漪效應。

現今的中東危機，已成為世界公民不得不參的公案。但做為公案，我們要如何參？很有可能開始參的時候，我們會陷入一個二元選邊站的陷阱。不管選哪一邊，我們都會認為自己是站在正義的一方。正義，無疑地成為此「中東危機」公案的答案。未能繼續參下去、打破這樣的思維的人，就會到此打住，開始展開行動，為正義奮鬥。

當然，在暴力事件中尋求正義的伸張，是非常人性的。正義是啟蒙運動到當代政治哲學的核心概念。現代西方的正義觀，實為一個社群的概念，最早源出希伯來人的律法主義。在此，正義的概念，強調的是人與人、群體與群體之間的契約關係。

從字源學來看，古希伯來文裡的「正義」與「法律」這兩個字有著極為密切的關係。英文的 justice，有公正、正義、法律、法官之意。可以說，正義論述即律法論述，目的在維護人際或群體間平等互惠的關係。這意味著，我若公平待你，你也當公平以報。當平等互惠關係受到威脅和破壞，就訴諸維權的法治，甚至是以發動戰爭來聲討正義，也在所不惜。例如，一個謀殺者必須為他的罪行付出代價，使受害者得到補償。西方將正義想像為一位女神，一手拿天秤、一手拿劍、雙眼蒙上眼罩。這三件東西分別代表公平審判，制裁罪犯的武器，以及客觀、一視同仁的法治精神。

模仿暴力：正義與模仿競爭暴力

將正義放在群體間平等互惠的契約關係這樣的視閾下，其實是有局限的。之前我提到雷內．吉拉德的「模仿暴力」理論，這是一個解釋人類欲望和集體暴力衝突根源的理論，由於人類的模仿本能，我們很容易去追求他人所擁有或想要擁有的東西，因而進入一種競爭、爭奪的關係。這個東西可以是名聲、權力、地位、價值和領土。此為暴力的根源，它將我們誘入無止盡模仿暴力的歷史輪迴。在模仿競爭的遊戲當中，模仿者（匱乏者或被施暴者）和被模仿者（擁有者或施暴者）之間的差異性，最終會因為互相模仿、競爭而導致趨同。

「以眼還眼、以牙還牙」式的正義原則，就是一個模仿競爭的例子。以色列對巴勒斯坦人的無差別攻擊，讓以色列與哈瑪斯恐怖組織之間的差別逐漸消失，讓我們再也分不清報復性正義和報復之間的不同。以哈所共同追求的對象，不管是信念、認同、正義或是領土，都是模仿競爭的淺戲裡所追逐的「欲望客體」，如同〈南泉斬貓〉公案裡兩派僧人相互爭執的貓。不管最先誰對誰錯，爭執不休的雙方在競奪的過程中，最終成為無法區分的鏡像關係。

同樣的模仿競爭關係，也可以在〈央掘產難〉公案裡看到。

〈央掘產難〉

《頌古合響集》的第四則公案〈央掘產難〉是這樣的：央掘摩羅尊者前往長者家托缽，剛好遇到一婦人難產。長者向尊者請求順利產子的法門。央掘回答，自己剛入道不久，尚未聽過此法。他返回請教世尊，世尊要他回去對婦人說：「自從我依賢聖法學習以來，即未曾犯有殺生之事。」婦人一聽，立即順利分娩。此公案又名為「轉念救命」，明顯地，此公案點出了一念天堂、一念地獄的轉念解脫主題。

此公案需要一些背景的提示，尤其像央掘摩羅這個極具爭議性的人物。「央掘摩羅」這個名字為指鬘、指髻意，就是將砍下的手指串起來，綁在頭髮上的意思。根據《增壹阿含經．三十八品》的版本，央掘摩羅原本跟隨一位婆羅門摩尼跋陀羅行者學習。一天，師母向師父誣告央掘凌辱她，於是師父為了替妻子報仇，命央掘出遊修行，敦囑他殺害千人，取其指作鬘，再傳授他「涅槃」之法。因此，央掘來到森林一處，逢人即殺。當殺害人數達到九百九十九人時，央掘的母親出現了。央掘正準備殺母，釋迦牟尼佛即時現身阻止此悲劇的發生。看到佛陀的出現，央掘決定以佛來取代母親的性命。

在追殺的過程中，不管央掘如何追趕，始終無法追上緩慢行走的釋迦牟尼佛。最後，央掘大聲吼叫：「住，住，沙門！」世尊告曰：「我自住耳，汝自不住。」（其實我很久以來，就停止了，是你自己還沒有停下來。）央掘聽完佛的開示後，得了法眼淨。於是，他請求出家成為佛陀弟子，並跟隨佛陀回到舍衛城祇洹精舍。

旋即，象徵正義的波斯匿王出現了。為了維護法治，他帶兵前來討伐央掘摩羅。他來到世尊的面前，看到此刻的央掘，正坐在世尊身旁不遠之處，結跏趺坐。波斯匿王對央掘的改變，感到不可置信，於是對佛陀說：「世尊！彼是惡人，無毫釐之善，恆殺害，能有此心出家學道乎？終無此理。」這裡，波斯匿王的一番話，暴露出他對因果認知的局限。於是，佛陀便娓娓道出央掘摩羅過去世修道與殺人的因，解釋央掘今生的暴行與解脫。

「難產」的意象：難分難解的業力糾纏

回到〈央掘產難〉公案，文本裡難產主題，可將之視為業力糾纏的隱喻。從古人非現代科學的邏輯來說，母親的難產這件事很容易與業力糾纏聯想在一起。然而，我們無從得知是此業力糾纏，是誰在受暴、施暴、討債、還債等。此類〈箭喻〉的問題，似乎也不是公案關注的焦點。公案修行所關注的，更是我們如何從難分難解的業力糾纏裡解脫出來。適時的「正見」之語，不管是「自從聖賢法後，未曾殺生」或「我自住耳，汝自不住」，如棒喝般，促發認知上的轉變。這樣的認知轉變，具體地體現在婦人的順利分娩和央掘獲得法眼淨的智慧上。佛陀直接或間接的點撥，不費兵卒地止息了暴力的糾纏。

暴力事件的根源，多半來自模仿競爭的關係。模仿競爭暴力，可以說是業力糾纏的形式之一。佛教面對暴力的方式，不是去釐清誰是施暴者、誰是受害者。從〈央掘產難〉裡難產的意象來看，我們可以得到兩個結論：首先，從累世因果業力的視角來看，我們認知的局限，讓我們無法真正釐清施暴者與受害者的身分；第二，捲入業力或模仿競爭糾纏的結局是：兩敗俱傷，沒有勝利者。

佛教回應暴力的方式

面臨當前的諸多危機，佛教若想對世界和平做出一番貢獻，那麼就勢必要進入公共話語的空間，與他者對話。然而，在對話的過程中，佛教徒往往為了獲得強勢的西方他者的認同，自我降級地先從西方文化的鏡像中來審視和詮釋自己的教義，以便能夠與之對話。這樣一來，我們在還沒有對話之前，就先喪失了自身的話語權和形塑話語的能力，更不用提佛教如何能為當前的危機時刻，提出何種獨特看事情的視角。

在面對西方正義論述時，處於公共話語邊緣的佛教，參與的策略容易傾向思考與之對應的正義論述。例如，我們很可能會將因果業力觀，權充地拿來做為佛教的正義論述。央掘產難的故事，也順理成章地成為佛教正義論述的敘事範例。

先拋開這樣以個人業力出發的正義論述是否能夠進入公共話語，成為普世的正義論述，我這裡先指出一個陷阱，那就是：在進行對話之前，我們就已經將西方的話語預設為普世的、正當的，以及合法的。所以，我們必須先質疑的，其實是文化霸權話語裡的慣性預設。這就好像當西方商業文化將禪修定調為減壓的工具，失去文化主體意識的東方人，很容易本末倒置地將此重新改造過後的禪修船來品當成新的宗教來膜拜。

也許，做為佛教徒，我們的任務並非一味盲目地迎合西方論述、觀點和操作手法。撇開以希伯來文明出發的正義論述的合法性不談，當我們論及西方的正義概念時，我們必須同時考慮到這樣的契約式的正義概念，需藉由一個公正且有效的維權政體來維護。然而，當前這樣具有公信力和維權能力的法治政體已蕩然無存（或從未有過），我們必須要開始反思，在間隙間尋求一個完全客觀公正的體制，來止息暴力這樣的作法，是否最終只是紙上談兵而已。

總之，佛教的他者和邊緣性，是挑戰西方話語正當性和局限性的最佳工具。我們不應該僅僅去思考佛教的正義論述，反之，我認為，佛教真正的貢獻在於挑戰西方（特別是希伯來文明）回應暴力的方式。如何跳出二元思維框架（如模仿競爭的對立關係），這才是佛教徒更重要的工作。

第三篇

參禪之旅

呼吸間的生命

〈呼吸是什麼〉

從維吉尼亞州搬到紐約十幾載，今夏首次在曼哈頓度過。黃昏的步行成為每日的經行功課。在街道上經行時，常受到各種氣味襲擊，於是我開始思考呼吸、環境與修行三者間的關係。身為一位二十一世紀中產階級的都市漫遊者（urban flâneuse），也是一位平日都在參禪的生態批評學者，不得不說，我的現代性經驗，經常是以物我交惡的「毒物意識」（即意識到環境裡的毒性物質和慢暴力）和物我交融的禪宗美學意識兩種形式雜揉地呈現出來。

走著走著，正專注呼吸時，不是發現自己被鎖在汽車排放的煙霧裡，就是必須穿梭於林立街旁的垃圾迷宮裡。紐約客的戶外呼吸經驗，是一個百嘗人類世的味覺體驗。除非遁沒公園，不然呼吸只能停留在胸腔上的淺層呼吸。隨時準備閉氣停止呼吸，儼然成為都市漫遊者必須的修練。而對我這樣的一個禪宗心靈生態批評學者來說，呼吸這個最基本的生物活動，是一個探討身、心、靈和環境的重要場域，尤其在當今霧霾圍城的毒物世紀裡。

當前的生態批評學者，在探討像空汙這樣的「毒物意識」時，多半採取物質或「外部生態」視角來切入環境議題，目的在提昇環保意識。在此，我轉向心意識的層面或所謂的「內在生態」，來闡明內在意識與外在生態的不可切割性，進而修正我們對生命和環境的狹隘認知。一個由內在出發的「內在生態」思想，著重意識層面的探討。這裡我以呼吸為例，從「公案修行」的角度，來探討呼吸、意識和環境的關係。

〈呼吸是什麼〉

在北美臨濟黃檗宗的「公案訓練」裡，〈呼吸是什麼〉是禪修的第一則公案，被放在〈趙州狗子〉（即〈無字公案〉）之前。此為基礎公案，參〈呼吸〉就是在打基礎，為日後參其他的公案鋪路。然而，很多人可能會覺得這個公案一點都不吸引人。會這樣想的人，通常會希望早早過關，趕快換到像〈隻手掌聲〉這樣有趣的公案。或者，有的人會認為呼吸了一輩子，早就熟悉呼吸是怎麼一回事，有什麼好參的？

一個人若自以為已經知道呼吸是什麼，不值得參，那麼很可惜，此人可說是進寶山，但卻空手而回。如果我們能夠抱持鈴木俊隆禪師所說的「禪心即初學者之心」（Zen mind, beginner's mind）的精神來參呼吸，抱著不帶任何先入為主的想法（即「初學者之心」）去探索呼吸是什麼，那麼，我們的深層意識之門就會敞開。呼吸會搖身一變，成為最好的精神導師，幫助我們轉化意識，改變對我們與世界的關係。

首先，〈呼吸〉公案的第一個作用就是幫助我們入定。當然，定力不是禪修者的專利，如自然作家劉克襄在關渡沼澤區，花了三小時靜靜地等待黑腹濱鷸的到來，這是需要定力才能做到的。當我們花時間專注地完成一件事後，會覺知到異於平常意識經驗的東西，如對周遭一切感到遙遠陌生，好像我們一般日常生活的分別意識心消失了。這些都可以算是入定經驗。任何參公案皆須在「定」的深層意識狀態下進行，不然無法轉化意識，就更不用談轉識成智。

我是在九〇年代中期開始參〈呼吸〉公案的。當時我剛去紐澤西州立羅格斯大學念視覺藝術研究所。有人告訴我，學校的寫作中心晚上有禪坐課，於是我就前往參加。也因如此，我的人生軌道全然改變了。第一次去上禪坐課時，一位叫作庫特・史貝爾梅耶（Kurt Spellmeyer）的白人教授，三十多歲、高高瘦瘦、戴著眼鏡，很誠懇地跟我合十問訊。這位教授是我繼聖嚴法師後皈依的師父——觀寒禪師。我是觀寒禪師最早的學生，也是那時期少數留下來的。他的寫作中心，也就是我往後十幾年的參禪道場。

我花了一年多的時間參〈呼吸〉，而我師父則花了五年。其實一個人花多少時間參一則公案完全不是重點。他常用自己做例子，來鼓勵參不透的學生。師公寒巖禪師用〈呼吸〉公案磨他五年，是在幫他打基礎。直到現在，師父雙盤一坐下去就是四個小時，如如不動！當然，禪修的目的不在訓練盤腿，這樣就本末倒置了。師公在〈呼吸〉公案上磨我師父是別有用心的，他想將師父訓練成一位優秀的禪師。師父甚至被叫去擔任為期一年的主廚，專門在禪期間負責大家的伙食。此職位名為「典座」，在臨濟禪裡是個非常重要的職位。

生命在呼吸間的顯、密意

既然〈呼吸是什麼〉是一則公案，背後就會含藏一個不立文字、教外別傳的密意。然而，有密意就有顯意，所以我們先從呼吸在佛教教義上的顯意來談。首先，呼吸的顯意是什麼？《佛說四十二章經》裡有這麼一段對話：「佛問沙門：『人命在幾間？』對日：『數日間！』佛言：『子未知道！』復問一沙門：『人命在幾間？』對日：『飯食間！』佛言：『子未知道！』復問一沙門：『人命在幾間？』對日：『呼吸間！』佛言：『善哉，子知道矣！』」

翻成白話文是這樣的：釋迦牟尼佛問一出家人：「人的壽命究竟多長？」這位出家人回答：「幾天之間。」釋尊說：「你尚未理解！」接著問另一位出家人。他回答：「一頓飯的時間。」釋尊說：「還是沒有明白！」釋尊最後再問另一位出家人。他答道：「在呼吸間！」釋尊讚歎地說：「你了解了。」

此段對話基本上在闡述一個生命短暫、無常的基本教義，激勵我們精進修行。然而，從公案的角度來看此「生命在呼吸間」命題，「生命無常莫放逸」這樣的教義，可說是一個表層上的理解。此理解固然重要，但是「生命在呼吸間」這一句話尚有不立文字的深層面向。把呼吸當作公案來看待，我們就起必須疑情，探索它所直指的深層密意。

也許我們可以說，「呼吸是什麼」這個問題，其實是在探索「生命在呼吸間」的深層密意。那麼，這個深層密意是什麼？

一口吸「盡」西江水

這裡，我用〈一口吸盡西江水〉這一則與呼吸有關的公案來闡述。〈一口吸盡西江水〉公案來自《景德傳燈錄．居士龐蘊》：「（龐蘊）後之江西，參問馬祖云：『不與萬法為侶者是什麼人？』祖云：『待汝一口吸盡西江水，即向汝道。』」首先，「西江水」可以做為「氣」的譬喻。「吸」這個動詞點出了呼吸與意識之間的關係。我們必須要全然地「吸氣」，才能親自體悟到「不與萬法為侶者」（非現象界）層面上的深層密意。〈一口吸盡西江水〉的重點是擺在「吸」的飽滿入息狀態。

這裡，我們可以更進一步地挖掘此公案的深層密意。如果我們將「一口吸盡西江水」這句話的重點放在「盡」字上面，那麼，「吸盡」一詞就指涉「吸」這個動作的完成或盡頭。我們可以問道：當我們把西江水一口氣吸盡，那個吸盡的盡頭處是什麼？

由於愛生懼死，「出入息的盡頭處」一直是我們認知的盲點。盡頭代表句點，生命的結束，也就是成、住、壞、空的「空」。由於我們對「生命」、對顛倒夢想的執著，使得我們在參呼吸時，傾向只關注正在進行的呼與吸的部分，而忽略了呼與吸的盡頭，也就是消失或結束的部分。雖然呼與吸的「進行式」很重要，但是他們的消失、盡頭處也同等重要，是呼吸循環的一部分。但，此盡頭同時是一個越界的「間隙」或「臨界空間」（liminal space）——也就是意識轉換的場域。如果沒有深刻地去探索此介於呼與吸之間的臨界空間，我們的呼吸體驗就永遠不會是完整的。這是一個從淺層呼吸到深層呼吸的訓練。當然，對初學者而言，開始參〈呼吸〉公案時，當以自然呼吸法為主。

「息」與成住壞空

漢字的「息」字的多義性，就點出了呼吸這個行為的完整性。「息」最早源出商朝甲骨文，指事字。字形上部像鼻子。春秋戰國時，象徵鼻子的「自」下面加上了心，變成我們今天的「息」字。「息」為呼吸意，指的是進出的氣：「一呼一吸謂之一息。」「息」有繁殖、滋生之意（如《荀子．勸學》裡的「樹成蔭而眾鳥息焉」），同時，它也是消失和停止之意（如《易．乾卦》的「天行健，君子以自強不息」）。我們在此可以看出古代的「息」字有呼吸、繁殖、滋生，以及消失和停止等意思。可以說，「息」詮釋了佛教的成、住、壞、空的一個不斷循環的過程：呼——消失——停止——吸——消失——停止——呼……。

當我們日常意識傾向「息」的生之面向，也就是，吸息的成、住，〈呼吸〉公案則要我們探索「息」的壞、空，就是：「吸

『盡』西江水」的那個時刻是什麼？真的只有快要窒息的感覺嗎？做為臨界場域，呼吸如何幫助我們轉化意識？或者說，禪定中的空性體驗是什麼？呼吸如何幫助我們體驗到這樣的空性經驗？最後，由呼呼促發的空性經驗，如何能夠拿來做為文化批判的利器？

呼吸公案的時代密意

當今二十一世紀毒物瀰漫的社會裡，我們呼吸是淺薄的。對呼吸缺乏深刻的精神體驗，也導致呼吸資本化的荒謬現象，如前美國共和黨、副總統競選人莎拉．佩琳（Sarah Palin）曾諂媚地說，她喜歡機車排放的味道！膚淺的呼吸經驗，讓她只嗅到金錢。

十八界（六根／六塵／六識）的資本化，正是環境災難的根源。一個越界的呼吸經驗，幫助拓寬狹隘的意識、價值和認知，轉識成智。因而我們需要〈呼吸〉公案，來幫助我們探索呼吸的深層密意，進而讓我們有一個更圓滿的生命體驗，來對抗根、塵、識的資本化。

走到萊辛頓大道和第三十三街的路口，路上正在鋪柏油，白煙四起，焦味熏天。行人中有的戴口罩，有的掩鼻而過。我則選擇進入此「生命中之不能承受之輕」的臨界空間。看來，在人類世的毒氣風景下，禪宗公案這個文類是不會絕跡的，〈呼吸是什麼〉就更不用說了。

參禪的藝術
〈無字公案〉

在前一篇〈呼吸間的生命〉中，我談到公案修行裡的第一則公案：〈呼吸是什麼〉。從禪修的「學程」來看，當修行者參呼吸參到某個程度，自然而然，呼吸就會把修行者帶到《無門關》第一關的入口。當然，「學程」只是一個虛設說法。參禪之旅不必依循任何既定學程或禪坐方式。禪法是活的，因材施教。大大小小的悟隨機發生，但前提是它必須奠基在禪定或「空三摩地」的基礎上。

〈無字公案〉為無門慧開禪師《無門關》首則公案，西方人叫它「the Mu koan」（無字公案）：「趙州和尚因僧問：『狗子還有佛性，也無？』州云：『無。』」如無門禪師云，祖師禪的核心在「無」，要參祖師禪就要先過此關。那麼，本文就來談如何過無門關，以及我參〈無字公案〉的經驗。

如何參公案

在進一步談如何參〈無字公案〉之前，我先解釋「參」這個概念。當我們說參公案、參話頭，「參」是什麼意思？首先，沒受過訓練的人在參話頭時，往往沒有把「參」這個很（微）妙的意識活動拿捏到位。參禪過程和動機，與藝術創作有許多相似之處。兩者皆強調打破舊有範式、僵化日常意識狀態，來為生命帶來不同認知方式和活力。這就是為什麼在西方很多詩人、藝術家都在參禪，或把藝術當作參禪的工具。當然，哲學家在沉思時，也能夠進入參的狀態，最有名的就是《會飲篇》（*Symposium*）裡柏拉圖描繪蘇格拉底佇立在街頭一天一夜，直到翌日清晨對天虔誠一拜才離開的場景。

當詩人、藝術家進入似思非思入定狀態，專注狂熱地創作，靈感乍現，一股非人意識能量湧入心扉。此時，創作者變成傳遞訊息的靈媒。這種忘我的狀態，就像活在當下，只有行動本身，沒有作者。然而，這裡的狀態，更類似一種「狂喜」宗教經驗。當然，一旦狂喜消失，詩人、藝術家回到日常意識心時，可能會對彼時創作成果大感失望。但這不重要，那個狂熱專注過程才是無價的。

在參禪中，「參」伴隨高度覺察性。然而，思的成分過多，參出來的「答案」就愈「下乘」。記得以前跟師父小參時，每當我興奮地把答案告訴他時，他會說：「這個答案我可以接受，但這還不是最『上乘』的，還是太 intellectual（知性成分太重）！」有時師父耐心聽完後，會說：「你這個答案很好，但你的解釋太知性。」像希臘神話裡學飛翔的伊卡洛斯一樣，太高或太低都是致命的。失之毫釐、差之千里（如〈二僧捲簾〉公案裡的兩位捲簾捲得一模一樣的僧人，一個悟了而另一個沒有）。「參」是一門技藝，參禪者都必須學習如何成為一位「參禪」藝術家。

對初學者來說，如何檢視參出來的東西是否「上乘」？基本上有兩個因素：有無入定和疑情，以及定和疑情的深淺。「參」不僅需要定的工夫，還需具備探索的心，也就是疑情。好奇心愈高，參的動力愈強。深定和大疑情同時俱現時，所參出來的答案就最上乘。有疑情無深定，易流於教理的言說，如同一件喋喋不休的作品！

由定起慧，純熟之後就會定慧等持，促發一個「啊哈！」的轉識成智，繼之而來的，是一顆法喜、感恩、讚歎實相不可思議的心，以及堅固不疑的大信心。

如何參〈無字公案〉

在參的時候，我們一般將重心放在公案裡的一個關鍵情境、一個字或一句話上，如〈二僧捲簾〉的「得／失」、〈趙州勘婆〉的「驀直去」等。進入穩定專注的意識狀態之後，重複念著「得／失」或「驀直去」，讓它滲入行、住、坐、臥的日常意識。對初學者來說，這需要一段時日的浸潤才會開始發酵。〈趙州狗子〉的關鍵字是「無」，此為所有公案的基礎。它的參法跟其他公案有一些不同，如無門禪師告訴我們，參「無」必須「絕心路」，強調非思，即斬斷任何的思維和概念的形成：「參禪須透祖師關，妙悟要窮心路絕。」

不管在日本或北美，臨濟宗禪師在指導修行者在參「無」的時候，都會要求修行者大聲喊「無」。我們也常常會聽到禪堂裡全體嘶喊著 Mu。這是一種典型的參「無」的方式，用這種方式來通身起疑團，盡平生氣力地日夜參究。這也就是無門禪師所說的：「將三百六十骨節，八萬四千毫竅，通身起箇疑團，參箇無字，晝夜提撕。」在美國參公案是用日文發音，所以我也習慣把無字念成 Mu。這裡的「無」這個字，不是「有無」語境下的無（莫作虛無會，莫作有無會），而是用來摧毀有、無分別意識的強大聲音能量。不管 call Mu 是在釋放能量，還是讓我們經驗到吞吐不出、卡住的受困感，這些經驗，都是在幫助摧毀我們意識習性之中的有／無、動／靜、色／空等二元概念。所以〈無字公案〉並非挑戰腦力的知性謎團，而是一個身、口、意必須全然介入的能量練習，幫助打開氣脈。若能持續不斷地 call Mu，終能點燃「法燭」。

我參〈無字公案〉的經驗

我「呼吸」公案參了一年多後，一天，師父終於放行，讓我參

「無字」。結果一參就參了三年。對我而說，參「無字」的過程是非常痛苦的。那時我還是藝術系的學生，每天都在工作室畫畫。打坐時閉起眼來，看到的不是印象派的筆觸、秀拉的光點，就是現代主義藝術的色塊。小參時，我跟師父描述看到的色相。師父就板起臉說：「你這個搞藝術的，太著相了，要繼續 call Mu！」那幾年是我修行期間最黑暗、痛苦的時刻。因為我鍾愛的繪畫，居然成了參「無字」的致命傷。此期間，我嘗試各種答案，直到黔驢技窮。有時，我甚至覺得必須放棄藝術才能繼續參禪！

可以五十步笑百步一下嗎？其實師父也是過來人。年輕時，師父是一個留著大鬍子、長髮披肩的嬉皮。師公還調皮地調侃他為「理性的嬉皮」！這讓靦腆的師父，有一點不自在。師父年輕時夢想當作家，於是一人搭便車（hitchhike）到新墨西哥州，在那裡隱居一年寫他的曠世長篇小說。他跟師公寒巖禪師小參時，把他寫的詩念給師公聽！當然，身為一位日本藝術史教授的師公二話不說馬上敲引磬，送他出小參房。所以師父也常常被三振出局！不過，師父的〈無字〉一年就過關了，這是因為他過去五年來被師公留級下來一直參〈呼吸〉這個基礎公案，幫他打下了紮實的基礎。如果「寫作是再寫作」（writing is rewriting!），那麼，「參禪就是參禪、參禪、再參禪」。若說不長進的我，這些年來參禪上什麼都沒學到，起碼我學到接受一次又一次的挫敗、捲土重來的毅力和謙卑。修行就是一切從零開始，不管修多少年！

這個時期，師父在摸索如何做我們的師父，我們也在學習怎麼做他的徒弟。早期的師父教法，嚴守師公傳承下來的禪風，對我們的訓練是典型日本臨濟式的，在禪期間，我們三餐都是用正坐的坐姿吃飯。打坐時，一上座就不可以動。師父總是坐得像高山一樣，向來坐在他身旁的我，也都正襟危坐地不敢亂動，因為一點風吹草動他都會知道。我漸漸從單盤換到雙盤，然後慢慢將雙盤時間拉長，後來全部雙盤打坐。筋骨不算柔軟的我，雙盤是極大的挑戰。

每每腳痛時我都強忍到敲引磬才放下。一次實在痛得不得了，我開始動來動去，師父的一聲「Don't move!」劃破整個寂靜的禪堂（其實是他家的客廳）。他這麼一喊，我的腿突然間就不痛了！之後師父開示時，腳又痛了，又不敢動，兩行淚直流，搞得坐在對面的師兄，還以為我破涕大悟了。

還有一次，腿痛得不行，像毛毛蟲一樣在師父旁邊一直扭動，師父就是遲遲不敲引磬。像受困之鳥，我絕望地在蒲團上放棄掙扎，腦筋空白。那晚小參，我像快要死掉的樣子，沮喪地說我沒有答案。痛都痛死了，哪有精力參？於是師父溫柔地說：「這次我看到你在蒲團上『死亡』了！」當然，這一次我還是沒有通過無字這一關。

在禪宗修行裡，有個「大死」的說法，意思不是要我們真的去經歷死亡，而是指思想妄念的全盤止息，也就是狗子有無佛性等各種概念的止滅。原來，我們的妄想執著是如此黏著。全盤止息的代價，竟必須是身心此般地折騰。難怪無門禪師形容參「無字」為「如吞了箇熱鐵丸，相似吐又吐不出」。

當然，每個人的「無字」經驗不盡相同。鈍根如我，居然必須要用這樣的方式來過關。前兩年在關渡醫院照X光，醫生不解地說，我的尾椎不知受到何種長期的外力，原本尖尖的尾椎已經被我坐成了扁圓形。難怪！早年那個深擾我的尾椎刺痛問題已消失殆盡了。

參「無字」的三年無疑是在練功。記得《霸王別姬》裡，有一段京劇演員艱苦的訓練過程。影片中，小豆子看到青衣旦在舞台上亮麗出場時，激動地哭道，原來角兒是這樣訓練來的，於是便乖乖練功，看了心有戚戚焉。我們往往對所謂的頓悟或渾然天成的藝術作品有個錯誤認知，以為這是利根或天才之作。這些看似一蹴而就的頓悟或信手拈來的作品，其實背後都有一段不為人所知的醞釀期。在長年日復一日的重複練習，以及在犯錯過程裡不斷修正，最終才得以厚積薄發，淬鍊成直覺反射動作或頓悟。長時間坐在蒲團上忍受身心的不適，雖然看似自虐（我看芭蕾舞者的訓練時，也有同樣的感覺），但這樣的磨鍊，卻是行菩薩道修行者的必修。因為它不僅磨鍊我們的心性讓我們更自律，更重要的，這樣的「苦其心志、勞其筋骨」的訓練，有助於感應有情眾生的苦難。

參「無」的這些年都是與疼痛為伍，只能用 Mu 來幫助我進入深層意識。這是一條唯一的出路。後來，所有聲音、甚至整個世界都變成了 Mu，連睡覺都時都還在 call Mu！Mu 成了反射動作。在此期間，我也從藝術創作轉到比較文學。同時，也跨越了無門第一關。

輪迴與解脫

〈百丈野狐〉

剛過〈無字公案〉時，曾偷想自己是否開悟了。無門禪師不是說：「透得過者，非但親見趙州，便可與歷代祖師，把手共行，眉毛廝結，同一眼見，同一耳聞。」也就是：若過無門第一關，就可以親見趙州！但失望的是，那時我並沒有那種與祖師們手牽手、眉毛結在一處的感覺，也不敢問觀寒師父，怕被叫回去重新 call Mu！

現在才知當年幼稚。若還在想有沒有開悟這件事，那離所謂的

「開悟」還遠得很呢！著了開悟的相，還有開悟的概念、有輪迴與解脫的分別心，怎麼可能是開悟？再說，一位真正的禪師也不會跟弟子提開悟這件事。

其實「修行到哪裡」和「是否開悟」這些想法是一種迷思，背後隱藏了一個對修行的學程或開悟應該是什麼樣子的想像。這就是為什麼師父從不告訴我修行到什麼程度。他讓我繼續待在深戲的迷宮裡，公案一個接著一個地參，不斷地解構我的認知。直到現在，我還是每天習慣參公案，三不五時就有新的領悟，也忍不住讚歎古代禪師的智慧。

參禪的過程無止盡的，不是像買一個課程一樣，可以上完了，拿了一個結業證書就開始當起禪師來。禪門人必須一直參禪，直到每一個當下所接觸到的人、事、物，如拂面的微風、行人的擦肩而過、隱約若現的滿月，都讓我們親見趙州，不需要戲劇性地棒喝咆哮方式來悟道。公案修行讓我們時時刻刻體驗到與眾生的親密性。

一位真正的禪師，也不會在公開場合暢談他的見性經驗。跟師父修行快三十年，我從未聽過他用「開悟」或「見性」來形容自己。他三十多歲時有了一次非常深刻的見性經驗，此經驗改變了他一生的軌道。據我所知，他那次的經驗，在北美的西方禪修圈子裡，至今尚無人超越。

Mu 的回音

正是因為師父不告訴我「無」是什麼，當年苦苦參了三年所吼出的兩個 Mu，從來就沒有結案。上星期的晨修裡，開始不自覺地 call Mu。突然，如山洪暴發般，我開始哭得很用力。哭完後，兩個眼睛腫得像金魚一樣。感覺上好像是三十年前所喊出去的 Mu，到現在才接收到它的回音。

一個深刻的悟的體驗，往往是充滿情緒能量的，有的讓我們永生銘記。但，大多數的體驗是經不起時間的考驗。這是因為我們習性太強，前一秒悟，下一秒又開始顛倒夢想起來，又回到日常慣性的意識狀態，以為杯子是杯子，你是你、我是我……，如佛陀在《金剛經》裡所指斥的著相。

Mu 的經驗和認知要兩者兼具才算圓滿。但若執著這些的經驗，以為這就是「開悟」，那麼就著相了。其實，當這樣的經驗和認知遲早會變成洗臉漱口的日常，也就無需大驚小怪，換下一個公案來參就好了。漸漸地，也就沒有開悟與不開悟的分別，反正都還是要繼續參禪打坐。試想，三十年前拿到博士學位的人還會一天到晚向別人炫耀拿到博士學位的這件事嗎？

從狗子到野狐公案

《無門關》的第二則公案〈百丈野狐〉：「百丈和尚，凡參次有一老人，常隨眾聽法。眾人退，老人亦退。忽一日不退，師遂問：『面前立者復是何人？』老人云：『諾某甲非人也，於過去迦葉佛時，曾住此山。因學人問，大修行底人，還落因果，也無？某甲對云：不落因果！五百生墮野狐身。今請和尚代一轉語，貴脫野狐。』遂問：『大修行底人，還落因果，也無？』師云：『不昧因果！』老人於言下大悟。」

每當百丈禪師開示時，總有一位老人站在遠方聆聽。一日，禪師問其身分。老人說，他累世前曾是這裡的住持，因錯答修行者的問題（開悟之人是否還落因果），於是墮入狐身五百世。老人請百丈禪師給他一個轉語，百丈回答：開悟之人並非不落因果，而是了知因果（不昧因果）。老人聽後大悟，解脫狐身。

從公案學程的角度來看，〈百丈野狐〉公案做為《無門關》的第二則是有原因的。它是在告訴通過〈趙州狗子〉或〈無字公案〉的修行者：如果以為過了無門的第一關，就是開悟了，那麼對不起，請接著參〈野狐〉公案！

〈野狐〉公案解構我們對開悟的迷思。一個沒有意識到業力的強大的修行者，就會像這位狐狸老人一樣，誤以為有了開悟的認知或經驗，就不會再落入輪迴。這樣的想法，不僅著了一個什麼叫作「開悟」的相，同時，它也會讓修行者將禪定或開悟，當成逃避或否定因果的手段。試想，這樣「不落因果」的想法，在當前氣候危機下會造成多麼可怕的後果！大多數的我們都躲在綠色資本主義的大妄念裡，以為可以魚與熊掌兼得地不落破壞環境的因果。這裡五百世狐身的意象，指涉的是我們不斷重複錯誤認知的輪迴。它讓我們耽溺在資本主義業力循環的迴路裡走不出來。

〈野狐〉公案告訴我們，卡在某個慣性的迴路裡不願出來，不僅是一個認知層面上的問題（不昧因果），也是慣性的問題（五百世輪迴）。光是認知到資本主義的毀滅性，並不會讓我們從這個體系裡解脫出來。這就是為什麼環境意識愈來愈高漲，氣候危機卻愈來愈嚴重。就好像明知喝酒傷肝，但還是繼續酗酒。所以這裡還有上癮（慣性的極端形式）的問題。認知本身，並無法對治根深柢固的習性問題。羅馬不是一天造成的。想要解脫或對治氣候危機，就要先嚴肅地去面對我們的消費習性。

不管修行到哪一個階段，新手或老參都必須不時回來參〈野狐〉公案，把那隻將我們蒙蔽在某種慣性的「內在野狐」找出來。在不同的生命階段裡，我們會遇見不同的狐狸，或者說，同一隻狐狸會變顯化成不同的形狀，在我們沒有準備的時候跑出來與我們相遇。做為詭計者的狐狸，它的障眼法往往讓我們看不到它的存在。

如何參〈百丈野狐〉

參此公案時，我們先從呼吸開始。當呼吸進入穩定狀態時，就可以開始參〈野狐〉公案。我們先內化公案的主題（也就是什麼東西讓我不自由），然後將重心放在「野狐」這個關鍵詞上。配合著呼吸，我們心中像咒語般重複默念「野狐」，直到我們的意識開始產生變化。慢慢地，狐狸就會開始出現、變形了……。

《今天暫時停止》

美國的超現實喜劇片《今天暫時停止》（*Groundhog Day*）可以說是一部〈野狐〉公案的翻版電影。氣象播報員費爾（Phil，「愛」的意思），前往一個賓州小鎮報導美國傳統二月二日土撥鼠日慶典的新聞。很自以為是的費爾，厭倦一切，包括自己、工作、生活和周遭的人。在採訪期間，他遇到暴風雪，困在有土撥鼠預知天氣的小城。詭異的事發生了。如同〈野狐〉公案裡落入五百世狐身的住持，費爾進入一個每日都是二月二日的輪迴裡。他嘗試所有的方法（包括自殺）來逃避這樣的生活和這個地方，但是都不成功。最後他只好開始去接受他的命運。面對這個「永恆沙漏」的荒謬存在，他選擇無條件熱愛生命，並幫助他人。最後，費爾終於從這個重複循環裡跳脫出來。

《今天暫時停止》裡的費爾和〈百丈野狐〉裡狐狸老人都犯了「我慢」的錯誤。他們的自大將他們綑綁在錯誤認知的輪迴裡。自以為如上帝般全能的氣象預報員費爾，以為不昧因果（用科技來正確地預報氣候），就能夠超越因果法則（有避開惡劣氣候的能力）。這裡的啟示是：「我慢」讓我們無法看清氣候實相，以及大自然無常的力量，即氣候的不可預測性。

《生命中不能承受之輕》

《今天暫時停止》除了重新演繹了東方前現代的〈野狐〉公案，它也讓我想到尼采的「永恆輪迴」和「生命之愛」這兩個概念。這位德國哲學家在提出「永恆輪迴」的說法後，告訴我們：無論我們日復一日的生命多麼地無聊無意義，我們都要愛它、接受它，不悔恨也不遺憾。

要對「永恆輪迴」有更深刻的探討，就要轉向米蘭・昆德拉（**Milan Kundera**）的小說《生命中不能承受之輕》（*Nesnesitelná lehkost bytí*）。這位流亡法國的捷克裔的作家以「無法承受之輕」這個非常文學性的譬喻，來闡述尼采「永恆輪迴」哲學。然而，在藉由男主人翁托馬斯（**Tomáš**）這個人物來展現「永恆輪迴」裡的輕（虛無）時，昆德拉同時也讓我們看到輪迴裡的重量（即擔責）。如果說，這個無止境的「永恆輪迴」，是荒謬虛無主義的極致，那麼，要去超克它，就是去背負它的重量，如薛西弗斯所承擔的任務，或地藏菩薩的悲願。這就是摯愛生命的表現。

面對輪迴的存在，小說裡的托馬斯雖然拒絕輕如鴻毛的存在，選擇了承擔，然而，他的「生命之愛」，僅局限在他心愛的妻子特瑞莎（Tereza）一人身上。《今天暫時停止》裡的費爾，雖然放下我執，開始實踐大愛，但是，電影裡的「生命之愛」主題，卻是拿來做為跳出永恆輪迴的踏板。熱愛生命並沒有讓費爾決定留在永恆輪迴裡，繼續幫助需要的人。

叫作「罪惡感」的內在狐狸

出生於天主教家庭，觀寒師父從小到大，飽受一隻叫作「罪惡感」的內在狐狸折磨，這隻狐狸，常常讓他覺得必須要為他人負責。譬如，學生若學習不佳，他會感到內疚，然後更努力去教導那位學生。深擾他一輩子的罪惡感，有時會強烈到認為必須去為與自己無關的事件負責。

有這樣的內在狐狸，可想見他的見性經驗會是如何？絕對不是一般人所想像的那種神蹟充滿的經驗。其實，讓他見性的前提，是一份沉重的責任和希望破滅的絕望。愈是徹骨寒心的死心，悟境就愈深刻、愈究竟。

然而，師父的這隻內在狐狸，並沒有因為他見性而消跡滅絕，狐狸仍在那裡。師父找到這隻狐狸，學習去接受它，與之共存，最後轉化了它。狐狸成為慈悲的化身，督促他為眾生奔波。對師父來說，行菩薩行本身無需任何附加的意義（如積功德求福報），他也不將責任當成責任，而是一種生活方式。存在本身只不過是如實地去面對自己的內在狐狸罷了。

身為他的弟子，我深知師父不會離開六道的。他的罪惡感讓他心甘情願地「五百生墮野狐身」。這裡我們不禁要問：內在野狐是什麼？是將我們禁錮在永恆輪迴的業識？還是留惑潤生的菩薩道種子？輪迴與解脫的界線在哪裡？

公案修行裡的苦參不得

〈擒住與一掌〉

剛開始跟觀寒師父打七時，我們都是在他家進行的。由於成員不到十個，所以，禪期中，我們早晚都要小參，而且時間都很久。每當小參時間一到，我們就依序在師父家的樓梯間跪坐成一排。一天晚上，我跪在小參室外面，心裡很緊張，因為我苦參了一整天卻沒有答案。腦筋一片空白，不知道要說什麼。不記得當時參的是〈無聲之聲〉還是〈隻手掌聲〉。進小參室以後，看到師父已雙盤穩坐，當他把我問到無話可說時，我當下突然給師父一拜。結果，師父很生氣地說：「為什麼拜我？」他把我罵了好一陣子。以前公案答不出來，師父從不生氣，都很有耐心地引導。但是這一次，我想他可能以為我在搞偶像崇拜吧！搞偶像崇拜，對他這樣強調平等、又是一位女性主義者的西方禪師來說，是一大禁忌。其實，我也真的無法解釋這個不知所措、突如其來的行為。不過，這是我有記憶以來，師父唯一對我發過的一次脾氣。

那天，腳痛難忍，公案參不出來，還挨師父罵，很慘。

《碧巖錄》第三十二則〈擒住與一掌〉公案，也稱為〈定上座佇立〉，內容是這樣的：「定上座問臨濟：『如何是佛法大意？』濟下禪床，擒住與一掌，便托開。定佇立，傍僧云：『定上座何不禮拜？』定方禮拜，忽然大悟。」

大意是：一位有入定經驗的老參，向臨濟禪師請益佛法大意。臨濟下座，把他擒住，賞一巴掌，與之推開。對此突來之舉，他楞住了。旁邊的僧人提醒他，參問已畢，要他禮拜而退。定上座一頂禮就豁然大悟。參此公案的關鍵字為「佇立」。

「定」上座的名稱，說明了定的重要性。同時，我們也看見一個「開悟流程」的描述。開悟的過程，分成四個關鍵時刻：突發事件（擒住與一掌）、修行者入定（定佇立）、旁人點撥（傍僧提示）、參者展開行動（行禮），以及開悟（恍然大悟），環環相扣。可以說，此公案用不到六十個字，把整個開悟的SOP全說出來了。

如果認同這樣的解讀，那麼對不起，你就上了公案的當！這就是公案狡猾之處：如果把它當成一個開悟公式或教學法，如法炮製，先給修行者「擒住與一掌」，然後修行者有個「忽然大悟」的經驗，那就誤解了公案的作用。雖說公案不離文字，但請記得，答案不在公案裡。公案不是一個參禪「教與學」的劇本，無法照本宣科地仿效。應記取〈俱胝豎指〉裡小童模仿俱胝禪師「天龍一指」

的教訓！當代人若仿效公案的情境，用來教學或應機，斷的不是小童的手指，恐怕是禪宗「教外別傳」的根基，和活潑潑「以破為立」的精神。

只要我們無心，大大小小的「悟」（不管是悟「空」還是下一個階段的「空有不二」），這些其實都是可以隨處發生的。參禪與客觀的科學實驗不同，它無法套用在所有人的身上。汲取古人死句為己所用的「拿來主義」或「現成主義」，在禪修裡是一個忌諱。殊不知，禪修強調活句，所以不熟稔禪宗語錄、各家禪法和禪宗史的人，其實更有益參禪。這樣的人比較不會受到概念和理論的干擾，可與「不知」完全坦然相對。這也是創造力和信心的來源。

天才禪師的想像

由於時代久遠，我們容易忽略一個事實，那就是禪宗的歷史書寫裡的虛構性。禪宗史（或者說任何的歷史書寫）的虛構性是無可避免的，而且是不同世代集體的多重建構、累積而成的，不僅有唐代以降的書寫者的集體想像，也有我們當代人的解讀、詮釋和再書寫。書寫歷史的過程中，不乏後人對古代禪師的完人或天才形象的投射。例如，我們所景仰的惠能大師，被形塑為目不識丁的草根禪宗奇葩，做為禪宗的「不立文字」榜樣，就是一個很好的例子。

古人將唐代禪師理想化的歷史書寫，除了為了傳承禪宗或其他政治因素之外，這裡我想深入探討的是，背後潛在的一個看不見的隱性動機：救世主情節。我們普遍有一個救世主情節，就是：將救贖的希望放在全能的救世主身上。這樣一來，我們就不用為自己的生命擔責。基本上，這就是耶穌基督為世人背負原罪背後的潛台詞。生命中的苦難和罪識，是人類內心深處不願面對，但又想超克的東西。在現實世界裡，我們不斷重複上演救世主情節。深諳人性弱點的主流好萊塢文化，也不斷釋放出救贖式的英雄主義文化想像，以因應消費者的救世主心理需求。面對當前人類世末世的爛攤子，這樣的救世主情節似乎變本加厲了。

回到修行，我們必須誠實地捫心自問：一方面，我們想解脫生死，但另一方面，又不願投入時間老實修行？有沒有可能，在我們的潛意識裡，其實都在尋找一個精神救世主，就像我答不出公案時，下意識地給觀寒禪師一拜那樣？

「苦參不得」的主題

潛意識裡，我們都崇拜強人，希望他們也像電影裡的超人一樣來拯救我們。這解釋了為什麼我們喜歡津津樂道古代禪師大展禪威、棒喝行者的部分，而將他們不怎麼光彩、苦參不得的修行過程，輕描淡寫地一筆帶過。

其實，君不見禪宗史內，隨處可見「苦參不得」的主題。無數古代禪師的開悟過程，多的是不斷受挫、遭到拒絕、挨罵挨打，有的甚至是沮喪到幾乎要放棄的案例。以著名的〈香嚴擊竹〉公案為例。我們往往看到的是香嚴智閑禪師擊竹而悟的佳話，而忘了他開悟基礎來自數年的實參苦修。溈山靈祐禪師要香嚴不以學解、經解的方式，來回答「父母未生前的本來面目」。香嚴回答了幾次，結果「皆不契機」，於是只好逕自苦修，獨參數年。一日，在山中除草，於草叢中揀出一片瓦礫，隨手拋出，不小心擊中竹子，清脆一響，忽然間頓然省悟。

如果沒有注意到「苦修」的主題，一般人很可能會誤以為不用多年禪修，就可以輕輕鬆鬆地聽竹聽雨來悟道。當然，「瞎貓撞到死老鼠」的可能性並非完全不可能，但是這裡還有悟到了什麼，以及悟境的深淺等問題。

請注意短短一句的「定方禮拜，忽然大悟」，背後有「定上座」的基礎。《佛光大辭典》將「定上座」解釋為「真參實究之人」。

其實，最令我佩服的「苦參不得」的例子，是明末清初臨濟宗祇園行剛女禪師。禪師未出家前年輕守寡，二十六歲參訪天慈禪師，三十三歲在密雲圓悟和尚門下參「哪裡是我安身立命之處」話頭。三十四歲出家，仍苦參不得。隨後前往慈菴和尚參學，仍無成就。最後，祇園禪師來到石車和尚處參「父母未生前的本來面目」。過了一年，還是沒有悟入，還因用功急切，吐血三碗。最後，他在三十八歲那一年終於開悟，作偈：「父母未生前，虛凝湛寂圓，本來無欠少，雲散露青天。」掐指算一算，祇園禪師苦參實修了起碼十二年！

最後，臨濟宗的開山始祖義玄禪師的參禪過程，也是一曲三折。當他向黃檗禪師問參時，被師父三問三打。此經驗讓他產生自我懷疑，便打退堂鼓，離開黃檗到別處去參問。上述這些艱苦的修行過程，往往只被當成開悟過程裡的小插曲。我們更願意去仰慕

「擒住與一掌」的戲劇性開悟時刻。

公案促發疑情：以文做餌，引人上鉤參禪。但，答案不在個人或集體的資料庫裡。在我們的小參裡，只要引用古德語，而不是自己當下參出來的答案，一定會被師父三振出局。觀寒師父就曾被他的師父高林元氣禪師（Genki Takabayashi Roshi）修理過！不消說，我也常常被觀寒師父修理。

若不老實參禪，只想輕輕鬆鬆、快速得到答案，那麼就喪失了參禪的初心。據師父說，一九八〇年代時，他還在西雅圖禪修中心跟著元氣和寒巖兩位禪師修行的時候，有一次，一群人在禪期結束後的回程車上，開始討論起公案的答案。一位學生剛通過〈呼吸是什麼〉公案，神氣地宣告大家，她給元氣的答案是：桃子！據元氣師父說，下一次禪期的小參，所有的人給出的答案不是蘋果就是哈密瓜，有人還甚至把柳丁帶到小參室去吃給他看！如果參禪的答案，成為修行者所追求的金蘋果，而不再是明心見性本身，那麼，參公案或話頭就失去了它的意義。我們也不需要參公案了。

謙卑與耐心：苦參不得的禮物

禪宗「以心印心」的教學啟發法，是反模仿、反類比的，強調以活潑、開放的心來回應當下。我們都有模仿的生物和文化基因，所以要我們不去模仿，用「無心」的方式來回應當下，這對受到太多文明汙染的現代人來說，是相當困難的。參的過程當中，我們一定會經歷一般令人非常不舒服的不知該怎麼辦的過程。這樣的茫然無措的過程其實很重要。我在禪期間不知經歷過多少次「苦參不得」的茫然時刻。已經不記得有多少次，這樣的茫然時刻，將我逼入全然專注的疑情裡，讓我在進入小參室的最後一分鐘前，逼出了答案。開悟只是一剎那，而在那之前，我們必須先處於漫長難熬的黑色深淵之中。

過來人就會知道，沒有所謂的參禪天才。參不出來是再正常不過的事。元氣禪師常安慰他的弟子，如果多年苦參不得，起碼我們學到人生最重要的一件事，那就是耐心。

對我而言，長年苦參不得，讓我們在一次又一次的失敗裡，學到謙卑，學到失敗、挫折和不可控制性才是生命的常態，不是例外。

所以，有沒有可能，〈擒住與一掌〉這一則公案，表面上在談頓悟的風光，其實骨子裡是在說「苦參不得」的禪修過程？

禪修和女性經驗

〈俱胝豎指〉

入秋當系主任以後，加上碰到我的「母親受難日」，最近常想起生命中生、養、育我的人：母親和師父。儘管個性南轅北轍，他們的共同點就是都做了一輩子行政的人。從小在媽媽的辦公室裡磨蹭，看媽媽辦公、簽公文；後來當研究生的時候，會固定到觀寒師父的辦公室，等他把所有的電子信件回覆完畢，然後搭他的便車去Livingston校區的寫作中心教室搬桌椅，為晚上禪修課做準備。

現在開始做行政。然而，就在開始思考血緣、修行和教育上的承傳，也是身體逐漸跟前一個階段告別的時候。這裡，我反思禪修、身體、年齡、性別，以及非人物種之間的關係，這次就用《無門關》第三則〈俱胝豎指〉公案來幫助指月吧！

當女性參無字時：「生理譬喻」的背後

早年在師父家打禪五時，參加的女性往往只有我一人。那時正在參的公案是〈無字〉。為了過無門禪師的第一道無門關，我抱著不成功便成仁的決心。記得師父告訴過我，他在拜佛時會一邊祈求文殊菩薩，希望我早些「醒來」（wake up）。一次，師父要我晚上在所有人回房歇息後，繼續獨自留在禪堂裡打坐。當我自個兒一人坐畢，正準備回房的時候，撞見了師母。原來她擔心我一個人在閣樓睡覺會害怕，就從地下室鬼鬼祟祟地潛入被我們用來當作「禪堂」的客廳，在我耳邊竊竊私語：「怕不怕？要不要我到樓上跟你睡？」說完後，她像忍者般一溜煙地不見蹤影，大概怕被師父發現她偷跑上來跟我說話吧！只記得當時四下一片漆黑，正在顫抖的膝蓋，突然忘記了哀嚎。

三年後，在師父臨濟般的逼拶下，我使盡全力，吼出兩個Mu。師父點了頭就走開了，丟下那個忘了自己是誰的形骸在那裡打著哆嗦。早年的禪期幾乎每天都是在巨大的身體折磨中度過的。然而，要是能夠苦撐過去，就能夠得到精神的回報，那是一種無限自由的感覺。這樣的「磨筋骨、得輕安」的弔詭，除非親自體驗，不然很難想像。

受到主觀、肉身化的局限，每個人的「無字經驗」多少有些不同。記得我在call Mu的過程裡，一直感覺自己在經歷一個生產的過程。小參時，我跟師父提到這種感覺。我說call Mu時把力道放在丹田，一直用力在push，感覺好像在生孩子！當時師父楞了一下，一時語塞卡在那裡，開始消化這個「生產譬喻」。

二十多年後的今天再度想起這件事，倒覺得這是個有趣的「教學時刻」。早期禪宗女性修行者多半不見經傳，她們的視角、經驗以及心路歷程往往沒有被記載下來。我以女性的身體和話語來演繹「無字」，而這樣的表述卻超越了師「父」的認知。起碼，我不是用男性的語言和邏輯來展示「無」。我用自己的身體去體驗和表達call Mu 的那個當下。

不過話說回來，我在大言不慚地使用這個被我稱之為的「生產譬喻」時，心一半是虛的。雖說生理上是女性，然而，沒生過小孩的我，「感覺好像在生孩子」這句話何嘗不是超出我的經驗範疇？在這方面，我跟師父是半斤八兩！沒生過孩子，也沒有看過那種血淋淋、最原始、最直接的動物性場面，我又如何知道這個譬喻背後所承載的真實感受？

《無門關》有則〈俱胝豎指〉的公案：「俱胝和尚，凡有詰問，唯舉一指。後有童子，因外人問，和尚說何法要，童子亦豎指頭。」

如同舉指的童子一樣，我跟譬喻背後所指涉的真實經驗的距離是那樣地遙遠！

產房裡準媽媽的呼吸：分娩經驗和禪修

這學期開始帶打坐，我嘗試了一個新的禪式教學法。我把強調主觀經驗的冥想練習，拿來做為獲取知識的方法。我教學生如何參公案，如何用批判式的第一人稱方式，探索並反思人與環境的關係。跟我打坐的學生和同事多半是女性，有的甚至已為人母親。在一對一小參時，一位年輕媽媽出乎意料地跟我分享她的生產經驗和孩子經。之後，我開始對「骨肉分離」這一詞有了更深的理解。

〈俱胝豎指〉公案的後續是：「胝聞，遂以刃斷其指，童子負痛號哭而去。胝復召之，童子迴首，胝卻豎起指，童子忽然領悟。」

對沒生過孩子的人來說，骨肉分離僅僅是一個「代理孕母」的譬喻或修辭，背後缺乏刻骨銘心的重量。也就是說，在使用「骨肉分離」這個成語時，雖能理解其意，但無經驗上的認知。宛如〈俱胝豎指〉公案裡，童子模仿俱胝禪師豎指的手勢，但是不知道禪師的手勢，背後代表的是深戲裡超越、圓滿的開悟經驗。

從這位媽媽學生的口中，我才了解到孩子成長過程其實就是母親逐漸消失的過程。從分娩、斷奶、孩子學會走路、上學、離家，這些里程碑也標示著孩子與母親的漸行漸遠。然而，我們所看到的，不是母親的落寞感受，而是孩子成長的喜悅。由於物種繁衍的生物本能（也就是傳宗接代），我們的聚光燈總是放在下一代，關注他們個體化的成長過程。然而，在此過程中，功成身退的母親卻在傳宗接代這樣的偉大敘事裡，獨自承受情感上骨肉分離的痛苦、焦慮和失落感。

童子還領悟到什麼

若從一個「多於人類」（more-than-human）的角度來說，「骨肉分離」可以說是一個跨物種的母性經驗。很多非人動物的生產經驗充滿人類加諸的創傷。試想與我們最親密的母乳牛。因為人類把牠們當成奶媽，不斷讓牠們受孕和分泌乳汁餵哺所有年齡層的人類。剛生下牛犢，不但馬上與媽媽分離，有的還直接被載去屠宰場。母乳牛一輩子除了承受各種身體上的折磨，也必須忍受一次又一次的骨肉分離。這裡的母親的身體，是一個物化、被剝削的客體。非人動物的苦難不能以六道裡的「畜生道」果業來圓說，如果是的話，佛教的教義就容易淪為合理化動物苦難的藉口，成為非人道工業動物養殖和屠宰的幫凶。

在男性意識主導的社會裡，做為生、欲源頭的母體，是無明、業障、執著和罪惡的代名詞，因而，一個女性主義的反思是有必要的。母親的身體在華人的父權文化裡，往往被想像成目連母親的身體，一個貪婪、飢餓、無智慧，只能等待兒子來救贖的身體。

做為臨濟宗的女兒，我想問的是，女性的身體能不能做為智慧、慈悲和創作靈感的源頭？或者比如說，如果日本京都學派的男性哲學家也有子宮，也有生產的經驗，他們的「絕對無」哲學將會如何重寫？

換句話說，女性修行者的身體，能不能被當成禪修經驗的載體？

禪宗（尤其是臨濟宗）嚴峻的禪修訓練的確讓很多女性退避三舍。然而，試想一下，若將禪修訓練跟女性的分娩經驗相比，其實是小巫見大巫。暫且把一群修行者在道場裡撕心裂肺地 call Mu 視為是準媽媽們在產房裡嘶喊的鏡像行為吧！不管是禪堂裡的 call

Mu或產房裡的分娩，那個時刻的尊嚴／羞恥、神／俗、涅槃／生死、空／色，這些二元概念皆在巨大能量爆發的專注時刻統統粉碎了。在萬念俱焚的「無」的時刻，這個「我」在哪裡？

然而，我必須說，女性的分娩經驗不能與禪經驗畫上等號，因為它不是被放置在明心見性的前提下來理解的。這是很令人惋惜的。也許，我們可以思考如何將這個獨特的女性分娩經驗與禪修結合起來。

師父二度「call Mu」

師父步入中年後，早期嚴竣的日式禪法也開始轉變。這可以在他二度參「無字」時看出端倪。據他說，剛到羅格斯大學教書時，他已在寒巖師公那裡完成了公案訓練。剛到美東的前幾年，師父會去紐約上州的大菩薩禪堂金剛寺（Dai Bosatsu Zendo Kongo-ji）

打禪七，主七的主持要他重參「無字」。小參時，師父沒有給他一個教科書版本、震耳欲聾的Mu，而是在他的耳邊給出一個輕柔的Mu。這位來自日本的老禪師驚訝地說，從來沒有一個人給他這麼特別的Mu！師父的詮釋，顛覆了傳統「無字」的陽剛表現形式，為「無字」賦予一個全然不同的演繹。

師父所給出的Mu，除了來自他文質彬彬的學者氣質，當然也承繼了師公的藝術家風格。師公既是藝術史教授又是日本裏千家的茶道大師，年少時更是一名鋼琴演奏家，還曾在林肯表演藝術中心（Lincoln Center for the Performing Arts）表演過。據師父說，師公有次曾在禪期結束後，掀起琴蓋，彈奏蕭邦的作品。用無心之心來聽蕭邦的幻想即興曲，是何種畢生難忘的美學經驗！

性格瀟灑的師公，晚年曾戲稱自己為「Love Boy」！他這樣形容自己的呼吸：身體變成金色剔透且柔弱的蜘蛛網。呼吸如游絲，林中飄盪，彷彿隨時都會斷線。

「小歐巴馬」的祖母：另類「無字」經驗

在德州教書時，我曾有過一個小型禪修團體。一天，聖安東尼奧美術館（San Antonio Museum of Art）亞洲藝術策展人突然聯繫我，要我在佛教藝術展的開幕典禮給一個開場演講，於是我給當地市民介紹了禪宗藝術和公案。結束後，聽眾向美術館反映，希望跟我參公案。於是，美術館就挪一間倉庫給我們當作禪堂。師父知道後，高興得不得了，馬上去張羅法器讓我順利開張。

就這樣，我第一批徒弟是一群愛好東方藝術的西方銀髮族。由於他們沒有辦法像我這個年輕的東方人一樣長時間盤坐在蒲團上，因此，我必須重新為他們設計適合他們的禪修活動。我注入書法的元素，做為 call Mu 的輔助工具；我請他們坐在椅子上，先坐二十五分鐘、經行，再坐二十五分鐘；最後小參時，用毛筆把 Mu 表現在宣紙上！公案和藝術的結合，成為一個捕捉那不可說的「無」的工具。這樣的設計深受喜愛，他們也很認真地 call Mu。我們一起修行了一年多，直到我必須離開這個以藍帽花和「嗶嗶鳥」走鵑（Road Runner）著稱的孤星之州（德州）。

這些銀髮族的「無字」經驗，跟我年輕時拚命三妹的無字經驗很不一樣。令我印象深刻的，是一位女性長者的無字經驗。她將 call Mu 形容為抱孫：時間的齒輪暫時停頓了。「那是永恆！」她說這句話當下，眼角泛光。亮出孫子的照片，是個黑人小男孩。原來孫子是白人和黑人混血兒！在這位德州祖母的 Mu 裡，隱藏著跨世代歷史的種子。眼角綻放出來的光，突然照亮這塊被當地原住民叫作「友誼」（tejas）的德州，這個最後解放黑奴的南方「國度」。

這些把「小歐巴馬們」帶大的女人們，與 Mu 的距離是這麼地近！

吾得天龍一指頭禪，一生受用不盡！

回到〈俱胝豎指〉公案。俱胝和尚的「一指頭禪」，不僅僅只是個象徵。無論是師父柔性的「無」、Love Boy 師公游絲般的呼吸、德州阿媽抱孫時的永恆，還有準媽媽們在產房裡的嘶喊，這些都是空性流露。生命中當然有痛，不管是存在、心理、身體或是歷史層面上的，我們都無法躲入象徵、概念或虛擬社群去，終究還是要回過頭來如實地面對它。如同受到沙粒入侵的牡蠣，必須去承受沙粒所帶來的痛苦，最終把它蛻變成珍珠。

弔詭的是，沒有沙子帶來磨難，就沒有耀眼閃亮的珍珠。苦、集、滅、道四聖諦的第一諦「苦」，是讓我們達到無生無死的彼岸前提！

一見鍾情的禪經驗與不知美學

〈地藏親切〉

這學期，教育系系主任問我有沒有興趣教一門禪坐課。「怎麼會開這樣的課？」我問他。原來，紐約市教育局請他們為主修中小學教育（K-12）的學生開一些冥想課程。於是他近年來積極地在推動這個項目，培養教育系學生的冥想能力，以便學生日後能夠學以致用地將它融入課程裡。

現在的孩子一生下來，就直接進入網路媒體世界，不僅容易分心，也缺乏耐心、韌性和社交能力。研究也指出，3C產品已嚴重危及到下一代的身心發展。《大西洋月刊》（*The Atlantic*）於二〇一七年刊出的〈智慧型手機摧毀了一代人嗎？〉（"Have Smartphones Destroyed a Generation?"）一文裡，聖地亞哥州立大學的心理學教授，也是《i世代報告：更包容、沒有叛逆期，卻也更憂鬱不安，且遲遲無法長大的一代》（*iGen: Why Today's Super-Connected Kids Are Growing Up Less Rebellious, More Tolerant, Less Happy and Completely Unprepared for Adulthood and What That Means for the Rest of Us*）的作者特溫格（Jean M. Twenge），引用統計數據，發現i世代（iGen，一九九五至二〇一一年出生的世代）的青少年抑鬱和自殺率從二〇一一年開始飆升。明顯地，這一世代對手機嚴重成癮，特溫格將他們視為是過去幾十年來心理精神危機最嚴重的世代。

滑時代的安全感假象

滑手機所獲得的快感，如同垃圾食物，可瞬間滿足欲望或「殺時間」。然而弔詭地，以滑手機來消弭焦慮，往往得到反效果。智慧型手機所給我們「知的便捷」，帶來的可能不是幸福感，而是憂鬱症和躁鬱症。同時，即時訊息的「滑時代」，雖然讓我們掌握了最新知識，但這些知識和科技，並沒有幫助我們進一步去思考知識、責任、行動和福祉的關係。以新冠肺炎來說，科學的研究和訊息傳播，並沒有讓我們因為知識的獲得而改變我們的行為。我們對舊有的飲食習慣保持緘默的態度，說明了如果光靠知識，是無法轉化成行動，改變我們根深柢固的飲食習慣。

在不確定的年代裡，即時訊息提供了一個安全假象。用知識來回應氣候變遷危機所帶來的未知和不確定性，讓我們更加依賴智慧型手機。把知識當作鎮定劑，容易助長假消息的傳播。政治家也往往為了盡快安撫民眾不安的情緒，而盲推短視、治標不治本的計畫。無法堪忍氣候變遷危機所帶不安，我們更容易轉而尋求知識的慰藉。因此，堪忍不知，培養定力，才是我們在極端氣候的時代下，必須要去培養的能力。我們必須學習與未知為伍，並開始去探索「不知」這個意識面向。

參禪，可以訓練我們回應未知和不確定性。參的過程裡，我們大多數的時間都處於不知的狀態下，這是安住於不知的練習。可以說，達摩祖師面壁九年的那面牆，就是一個「不知」的心牆。然而，假以時日，它終究會像芝麻開門一樣，讓我們瞥見其中的寶藏。「不知」除了培養我們的韌性、適應力和創造力，也讓我們體驗到一種類似一見鍾情的經驗。接下來，我以《從容錄》第二十則〈地藏親切〉公案做為例子，以一見鍾情和美學經驗這兩個概念來詮釋地藏禪師的「不知最親切」。

〈地藏親切〉

〈地藏親切〉公案是這樣的：「地藏問法眼：『上座何往？』眼云：『迤邐行腳。』藏云：『行腳事作麼生？』眼云：『不知。』藏云：『不知最親切。』眼豁然大悟。」一天，地藏禪師問他的弟子法眼禪師要去何方？法眼回答，去行腳雲遊四方。禪師接著問為什麼要行腳？法眼說不知道。地藏於是稱讚道：「不知最親切！」法眼當下頓然開悟。

在《從容錄》裡，〈地藏親切〉緊接在〈趙州狗子〉（第十八則）和〈雲門須彌〉（第十九則）之後。這樣的安排值得注意。〈趙州狗子〉和〈雲門須彌〉皆關乎空性經驗。接續在此兩則公案之後，作者萬松行秀禪師接著要我們繼續探索第三種與「親切」主題有關的空性經驗。參此公案時，所參的問題是：「什麼東西最親切？」

這裡關鍵字是「親切」，心中不斷默念「親切」即可。

解構一見鍾情

有沒有發現，當我們莫名其妙被某個人、事、物吸引時，背後往往說不出具體的原因？如同笑一般，我們通常以為笑其來有自，但其實不然。有一個關於為什麼會笑的實驗是這樣的：科學家刺激測試者大腦控制笑的行為的區域，使得測試者咯咯發笑，當科學家問測試者在笑什麼？他發現，測試者先開始發笑，然後才開始去找一個理由來解釋他的行為。另一個研究指出，我們搔癢時發笑的前提，必須是在「不知」的前提下才能成立。由此看出，經驗在前，認知在後。這兩個研究說明，我們的行為背後往往沒有一個目的、理由和意義。

也正是沒有任何特定的目的或理由，也就是在不知的狀態下，於是才有所謂的創意或自發性，轉化成一個感官經驗。我們可能在毫無預期的狀態下，發現某個人、東西，或者事件特別美。所以，一見鍾情（或一聽鍾情），本身就是一個非功利的美學經驗。但不幸地，一見鍾情這樣的事件，由於受到社會文化的制約，所以我們對這種高度專注而產生出來的奇特的感官經驗，往往只能將它狹隘地局限在愛情裡。當一見鍾情這樣的感官經驗，被流行文化的意識型態（如好萊塢）塑造為一種浪漫情感，我們就很難去把同樣的感官經驗，與其他人、事、物做一個連結。所以，我們應該做的，就是解構大眾對一見鍾情的狹隘認知，將它放在禪和美學經驗的框架裡，來重新建構它。

世上最美的歌

二〇一九年，受一位印度學者之邀，我來到印度南部清奈市（Chennai）的馬德拉斯基督教大學（Madras Christian College）做一個主題演講。會議結束後，主辦方準備了一些娛賓活動。我們來到了一個大禮堂，坐在貴賓席上。看到學校動員學生們輪番上台表演，女學生身著曼妙大紗麗服，隨著傳統印度音樂婆娑起舞。看著流動的人潮，我注意到三位穿著白襯衫卡其褲的男學生，徐緩地走到台上的麥克風前，旁邊兩位背著吉他，中間的主唱者則是一位戴墨鏡的盲人學生。手持導盲杖、瘦高、黑而濃卷的短髮的他，我想到酷酷的羅大佑。我的思緒也不經意地飄回到立志當民歌手的高中歲月。

不久，吉他的彈奏聲開啟了序幕，我不知道歌名，只覺得這是一首眾人皆知的鄉村歌曲，風格酷類美國七〇年代的 Diamond and Rust（〈鑽石與鐵鏽般的戀情〉）。突然間，我被投擲到一個廣大的意識空間，六識像一排保齡球，被打掉只剩下眼識和耳識，身體與當下的風景和音景連成一片，毫無縫隙。在此當下片刻，我全身動彈不得，彷彿另類意識引路人賽蓮（Sirens，希臘神話裡的海上仙女），用曼妙的聲音將我引渡到日常生活意識的彼岸。但做為禪修者，要探索的是：什麼把我和空間的距離無間地接縫起來？男孩們演唱的神情？吉他的音色？熟悉旋律的鄉愁？還是會議開完後腦筋空空如也的空白意識？

曲終人散時，意識還沒飄回身體，回到所謂的「共識現實」（consensus reality）的意識維度。身旁的學者，如〈擒住與一掌〉公案裡的傍僧，搖了手臂。此時回過神來，這才發覺四周人聲吵雜，大家已開始離位去用餐了。

當然，這充其量只能說是個美學經驗，或者修行過程裡會經歷到的入定經驗。如果我執著於這個早已逝去的回憶，就是沒有活在當下了。

「一見鍾情」與禪宗「不知美學」

相信不少人有類似的經驗。當不斷搜尋訊息的意識心鬆懈下來，回到放鬆的狀態，我們就像打開蚌殼的牡蠣一樣，心開始變得柔軟，並向世界和深層意識敞開。我們可能會無心地，突然注意到某個人、事、物，並感受到前所未有、愉悅的美感。漸漸地，此時的心無旁騖，消融物我之間的界限。這時，我們就過渡到「知」的外部，只剩下前五識的運作。

當我們再度從「不知」的意識維度，回到知的分別意識時，受到語言的局限，我們只能借用愛情語彙裡的「一見鍾情」，來形容那種渾然一體的過程。「不知時刻」是一個療癒時刻，它讓我們從令人發狂的自我中心意識暫時逃逸出來，得到喘息的機會。

地藏禪師用「親切」一詞形容這個「不知時刻」。有意思的是，英文翻譯將「親切」譯為「closest」而不是「intimate」。所以，如果我們用英文來參，就又多了一層「距離」的意象。也就是：世界上與我們距離最接近的東西是什麼？

其實，我們平常遠望一座山、凝神讀書，或者細細品花的時候，只要無心，都可能出現一見鍾情的體驗。我們之所以無法有這樣的體驗，原因往往出於思慮。思慮使得我們無法獲得原始生命之流傾瀉而出的奇特經驗，若能夠常常進入這樣的狀態，我們的世界必定隨處精彩。人若時時一見鍾情於萬物，必將是法喜充滿與慈悲的。法喜與慈悲不是一見鍾情的目的，而是此情感能量的顯化。

學習與不知共處

我曾問過學生能夠忍受多久不滑手機，答案是最多兩、三個小時。在媒體網路無所不在的今天，智慧型手機如毒品般地戕害i世代的年輕人，使他們毫無抵抗能力，甚至是跳脫出來的意願。如何幫助這個世代脫離出數位世界的掌控，將是當前教育的重心。我認為要戒斷智慧型手機，首先要學習忍受無聊，以及將「不知」視為療癒和對抗策略。

如何與「不知」共處，是當前我們必須去學習的一個能力。也許，我們可以用它來幫助培養一種對外境更敏銳、細緻的美學感知。換句話說，做為一個人類世存活的「技能」，我們需要一種美學，幫助我們與環境做一個非商業功利性的連結和想像。美學（aesthetics）的定義是，美感知覺的相關活動或經驗，或廣泛地指所有感官知覺活動。這樣的美感或感官知覺，還必須加上「空三摩地」的禪定，才能消解高科技文明所帶來的孤立、無聊和焦慮感。

以空三摩地出發的「不知美學」是一種深植於不知面向的美學，可以說，它是地藏禪師的「不知最親切」的美學應用。而一見鍾情，也可視為「不知最親切」的世俗詮釋。當然，要培養這樣的「不知美學」，可以從參禪開始。所以，我贊成紐約市教育局推動冥想課程！

逆行文殊與主人公

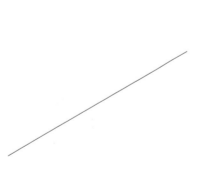

〈巖喚主人〉

半途遇見主人公

在一條蜿蜒的小徑上，我低著頭專心走路，突然一輛計程車快速迎面駛過。等意識到身旁的黃色車子，它的半個車身已駛越過我，手臂幾乎碰到後車門時，我立即把手縮回。如〈擒住與一掌〉公案裡被臨濟賞一巴掌的定上座一樣，我楞在那裡許久。多數人聽了這個事故，不是馬上叮囑我注意路況，就是數落司機不該在巷弄裡開快車。如果這時我說：「感恩司機！他是文殊菩薩提著慧劍驗收修行成果的。」大家可能會以為這是劫後餘生的禪式幽默。又如果，我把同樣的話對一位差點被車撞到的人說，聽者必會覺得不得體、不慈悲。

其實，對一位有經驗的禪修者來說，將此瀕臨死亡的意外事件描述為文殊菩薩來驗收成果，其實一點也不為過。磨刀數十年，不在此刻試刀，還待何時？首先，參禪人有意外和非意外死亡的分別心，甚至死的概念嗎？然而，撇開這些問題不說，這裡更重要的問題是：在意外事件發生的那個當下，意識心產生了什麼變化？或者說，在意識到車子的那瞬間，你（如巖和尚般）遇見主人公了嗎？你能識別出主人公嗎？

當然，對多數人來說，甚至是老參，要認出主人公不是一件容易的事，即便是在那樣極端的狀況下。不識主人公，一般人的反應就會跟貓一樣，在鏡前看到自己的影像卻不識得。不能說生命沒有給我們機會，是我們一直與主人公擦肩而過。

《無門關》第十二則公案〈巖喚主人〉，有這樣的故事：「瑞巖彥和尚，每日自喚主人公，復自應諾。乃云：『惺惺著喏，他時異日，莫受人瞞，喏喏。』」巖禪師每天都召喚主人公，然後自己回應。他告訴主人公，要他清醒著點，他時異日，不要被人給矇騙了。接著他又切換到主人公的角色，代替主人公回答道：「好的。」

無門禪師對此明察秋毫地反問：「這個和尚葫蘆裡賣什麼藥？裝神弄鬼、自導自演，一下召喚主人公，一下自己應答；一下要主人公警醒點，別被牽著鼻子走，一下又自己說好。」無門禪師的一番話，起碼在字面上，可能表達出當今年輕世代的觀感：這位日日都在跟看不見的主人公說話的巖和尚，搞不好是一個有幻聽、分裂人格的精神病患者！

這個自問自答的劇情，讓我想到羅馬神雅努斯（Janus，後來演變成英文的「一月」）。雅努斯是一位掌司出入口和通道的門神。《千面英雄》（*The Hero with a Thousand Faces*）的作者，也就是著名的神話學家喬瑟夫・坎伯（Joseph Campbell），將此神祇視為之前提到過的會變形變身的「詭計者」。雅努斯的腦袋前後各有一副面孔，坎伯認為他的雙面，是專門用來混淆我們固著的認知。可以說，門神就是通往兩個不同世界的「門檻」（threshold）的象徵。所以，用門檻這個概念來想像公案是很恰當的。它有世俗的一面，也有超世間的另一面。公案就是一個介於兩個面向的門檻，公案這個門檻，幫助我們從世俗的維度過渡到超世間維度。而〈巖喚主人〉這一公案，將兩個維度的視角或「雅努斯門神的雙面性」戲劇化。以自言自語的方式，故事裡的主人翁扮演世間的假我（巖和尚）和超世間的主人公的雙重角色。

做為修行文類，公案的主要作用，不在真理的闡釋，而是要我們去弄清楚哪個是假我，哪個是主人公。這樣的訓練，能夠幫助我們在迷途中，找路回家。用「電影」這個意象來做譬喻，公案修行訓練我們最終能夠自如地在戲裡戲外進出。戲院裡的電燈開關，就是切換兩個世界的門檻。當燈關掉時，我們沉迷於劇情之中，然而，當燈再度打開時，我們就從劇情裡醒過來，了解到：原來一切都不是真的。燈暗時迷燈亮悟！

「親證」主人公

在弄清楚假我和主人公之前，我們必須先找到主人公，這是參此公案的第一步。無門禪師在他的頌裡，這樣感嘆我們無法解脫的原因：「學道之人沒能認識到自己的真心（主人公），原因是先認識了神識。此神識正是無量劫輪迴的根本，而愚昧的人錯將它當成了主人公。」所以，要解脫，就要「親證」主人公。

「親證」主人公！這是一個容易理解，卻多麼不容易做到的事！〈巖喚主人〉的關鍵字或話頭是「主人公」（master）。將所有的注意力全部放在這個主人公上，行、住、坐、臥都是主人公！想參此公案的修行者，應先從其他公案開始，如〈呼吸是什麼〉、〈無字公案〉、〈南泉斬貓〉。

不識真：劫後餘生的感悟

多數人在劫後餘生後，會出現兩種極端反應。第一種反應是及時行樂。瀕死的意外事件，讓他們感到人生苦短，因此得出的結論是：要在有生之年裡盡情享受生命的美好。此類型的人容易變成為所欲為的享樂主義者。

第二種反應是勵志型。經歷過生離死別，生命短暫無常讓他們體悟到生命可貴，要好好利用餘生做有意義的事。他們要為自己而活，追求自己先前敢想但缺乏勇氣去實踐的夢想。我們時常都能聽到一些經歷過人生劇變的人，如化蛹成蝶，為生命開啟新的篇章。

可以說，劫後餘生所帶來的後效力是不容小覷，有的人甚至成為犧牲奉獻的行動家。例如，癌症末期的患者，辭掉朝九晚五的工作，用餘生去環球旅行。或者，一位經歷過重大打擊的家庭主婦，可能毅然地結束一段令人窒息的婚姻，重新過著獨立自主的生活，並積極地參加公益活動。

這些劫後餘生所帶來的生命巨變的例子，很可惜地，都沒有讓他們認識到主人公。

養兵千日，用在一朝

沒能認出主人公的主要原因是，多數人的意識，並非時時刻刻都繫在求解脫或參公案的疑團上。也就是，我們多數人，甚至根本就不知道有一個主人公，也沒有培養出一個世間和超世間切換的「門檻」或「電燈開關」意識。所以，就算我們撞見主人公時，也無法識得。

要是我們一旦識得主人公之後，就會了解到，被我們當成寶的生命，也只不過是一齣戲罷了。然而，主人公不在戲中。端看悟境的深淺，有時候主人公的出現一閃即逝。但是不要擔心，只要持續保有解脫心，不斷精進，他日必會再出現，我們也能夠像識途老馬一樣地識得，甚至可以一喚即來，就像巖和尚那樣。久而久之，他就會變成一位親密的舊識。

無始劫來我們都是入戲甚深的戲迷子。但入戲歸入戲，其實，戲中也有寶貴的課題。它讓我們身入其境地嘗盡人間酸甜苦辣，學習如何愛人愛物。人生劇場藉由體驗諸苦的方式，讓我們生起解脫和慈悲心。所以，我們不應該貶低它的價值，也應盡力呵護這個器世間。

然而，待在淺戲裡沉迷太久，我們忘記門檻的另一個維度。當電影結束時，燈光全開，我們終究會發現：啊！這一切看似如此真實，原來只是一場戲而已。影片投射背後的白色布幕，象徵的正是空性的般若智慧，要我們了知一切皆幻，不再執著。

平淡中見主人公

明知一切都是戲，但是我們還是偏愛高潮迭起的開悟劇情，如臨濟的「擒住與一掌」這樣的故事！這樣的偏好，其實導致一個認知的問題。那就是，將極富戲劇性的棒喝變成了開悟的標準樣板劇。它讓我們難以接受甚至相信輕如鴻毛、細微、滲透式的微棒喝。

事實上，主人公一直與我們同在。但是，由於我們局限、粗糙的感知能力，或者喜歡刺激、重口味的戲碼，我們變得很難細緻地感知到主人公的微妙臨在。事實上，大多數時間，我們與主人公的相遇，皆發生在不足為人道的微經驗中，如一個人不經意的一顰一笑，屋檐上滴滴答答的雨聲，或是流浪狗夜半獨自在柏油路中間遊蕩的足步聲，這些無不是主人公的顯化。

如何參〈巖喚主人〉

在參此公案時，禪師會問你：「主人公是什麼？」多數人不是不知道如何回答，就是會用經文裡得來的知識回答。例如，主人公指的是我們的本心、真如心或佛性。這時，禪師不會理會這些答案。他會接著問：「你在打坐的時候，發生了什麼事？」這時，很多人可能會發現知識在禪師的面前是不管用的，只好老實地參禪。他可能只好如實地回答：「我打坐的時候，一直在打妄想。」其實，這個「答案」比其他如「真如心或佛性」這些天馬行空的術語，或頭頭是道的哲學論述可愛多了。

打坐一段時間之後，修行者的身心會開始產生轉變。這些轉變時而細微，時而明顯。有時候，修行者無心地進入無思的狀態，可能會突然發現自己的心識，怎麼突然變得空空虛虛的，甚至感覺像藍天。如果繼續坐下去，就有機會與主人公相遇了。

當然，要與主人公相遇，必須有定的基礎。打坐愈頻繁，我們定的能力就愈強，因為我們在日常生活中，一直在打造出強健的「定的肌肉」。不要小看這個日常的打坐功課，定會變成我們下意識的反射動作，在我們需要它的時候出現。

演繹保任：復自應諾

顯然地，巖禪師已找到主人公。這個主人公，不是驚鴻一瞥，而是日日相處，在平淡中相見，巖和尚每天叮囑他。這裡我們看到

〈巖喚主人〉的另一個主題：保任。巖和尚與主人公復自應諾的對話，演繹出一位開悟的禪師如何做「保任」的工夫。

拉拉雜雜說了這麼多，讀者恐怕被我的文字給迷惑了，也上了巖禪師的當。其實，哪有這個可以與之交涉的主人公這一號人物！然而，這正是公案的弔詭之處。正如這個具有兩個面孔的雅努斯，巖禪師和主人公，非一非二！

琉璃文學 48

像禪師一樣思考——禪宗公案的多重宇宙

Think like a Zen Master: the Multiverse of Zen Koans

著者	張嘉如
出版	法鼓文化
總監	釋果賢
總編輯	陳重光
編輯	詹忠謀
封面設計	化外設計
內頁美編	小工
地址	臺北市北投區公館路186號5樓
電話	(02)2893-4646
傳真	(02)2896-0731
網址	http://www.ddc.com.tw
E-mail	market@ddc.com.tw
讀者服務專線	(02)2896-1600
初版一刷	2024年7月
建議售價	新臺幣360元
郵撥帳號	50013371
戶名	財團法人法鼓山文教基金會—法鼓文化
北美經銷處	紐約東初禪寺 Chan Meditation Center (New York, USA) Tel: (718)592-6593 E-mail: chancenter@gmail.com

法鼓文化

國家圖書館出版品預行編目資料

像禪師一樣思考：禪宗公案的多重宇宙 / 張嘉如著. -- 初版. -- 臺北市：法鼓文化, 2024.07
面； 公分
ISBN 978-626-7345-33-7 (平裝)

1. CST: 禪宗 2. CST: 佛教修持

226.65 113006431